XIAOXUE
JIAOSHI
KOUYU

小学教师口语

主　编　陈杨絮　陈红梅
副主编　姚立慧
参　编　高雅嘉　孙永露　蔡柏臣

苏州大学出版社
Soochow University Press

图书在版编目(CIP)数据

小学教师口语 / 陈杨絮，陈红梅主编. -- 苏州 :
苏州大学出版社，2024.6
ISBN 978-7-5672-4830-4

Ⅰ. ①小… Ⅱ. ①陈… ②陈… Ⅲ. ①小学教师－口语 Ⅳ. ①H193.2

中国国家版本馆 CIP 数据核字(2024)第 111096 号

书　　名：小学教师口语
XIAOXUE JIAOSHI KOUYU

主　　编：陈杨絮　陈红梅
责任编辑：严瑶婷

出版发行：苏州大学出版社(Soochow University Press)
社　　址：苏州市十梓街 1 号　邮编：215006
印　　刷：苏州工业园区美柯乐制版印务有限责任公司
邮购热线：0512-67480030
销售热线：0512-67481020

开　　本：787 mm×1 092 mm　1/16　印张：11.5　字数：232 千
版　　次：2024 年 6 月第 1 版
印　　次：2024 年 6 月第 1 次印刷
书　　号：ISBN 978-7-5672-4830-4
定　　价：48.00 元

若有印装错误，本社负责调换
苏州大学出版社营销部　电话：0512－67481020
苏州大学出版社网址　http://www.sudapress.com
苏州大学出版社邮箱　sdcbs@suda.edu.cn

前 言

教师语言是高等院校师范类专业的一门专业必修课程。本教材基于《义务教育课程方案（2022 年版）》，紧密结合行业要求，系统地讲授教师语言口语及书面语部分的相关知识，并以实践训练为主导，旨在提高小学教育专业学生的语言运用技能和语言素质，为他们未来从事教师工作打下坚实的基础。

本教材包括小学教师语言概述、普通话训练、小学教师口语、课堂教学环节语、课堂板书与操行评语五章。具体内容如下：

小学教师语言概述：依据《义务教育课程方案（2022 年版）》中对小学教师语言的要求，讲述小学教师语言的概念、特点，使学生正确理解小学教师语言，并认识到小学教师语言的重要性。

普通话训练：讲述普通话吐字归音、变调规则的相关内容，结合训练，使学生呈现良好的普通话语音面貌，理解普通话推广的意义，培养规范使用普通话的意识和能力。

小学教师口语：讲述教师教育口语的内涵、基本原则和技巧，培养学生根据不同育人情境设计教育语言、解决实际教育问题的能力。

课堂教学环节语：讲授小学课堂教学各个环节所用语言的基础知识和基本理论，使学生掌握小学课堂教学环节语的性质、特点及运用原则。同时，培养学生正确使用导课语、讲解语、结课语和提问语，进行课堂教学不同环节语言设计能力。

课堂板书与操行评语：讲述课堂板书和操行评语的概念、性质和特点，使学生具备一定的教师书面语言设计能力。

本教材还配有电子资源，可登录苏州大学出版社教育资源下载与服务平台获取。

本教材仍有不足之处，欢迎广大读者朋友提出宝贵的意见，让我们一起学习进步！

编者

2024 年 5 月

目录

第四章　课堂教学环节语 / 111

第五章　课堂板书与操行评语 / 163

第一章

小学教师语言概述

一、小学教师语言的概念

教师语言是教师实施教学和教育活动的职业用语，有口语、书面语及态势语等形式。教师语言不仅是教师传递知识、与学生沟通的重要工具，还是教师完成教学任务、达成教育目标的关键手段。小学教师口语框定了教师语言的应用范围，即小学阶段，也是“六三”学制中的第一至三学段。本教材主要围绕小学教师口语和书面语展开叙述，侧重小学教师口语的应用，旨在为小学教育专业学生提供有效的口语指导。

《义务教育课程方案（2022 年版）》从培养目标、基本原则、课程设置、课程标准编制与教材编写、课程实施五个方面对义务教育阶段的教育教学进行了具体指导，提出了核心素养培养这一重要要求，进一步明确了立德树人的育人目标。同时，教师需要做到知行合一、以身作则，通过教育教学活动引导学生思考、乐学善学。因此，小学教师语言要更加注重沟通话语的建构、语义的准确传达，以启发学生思考。

二、小学教师语言的特点

（一）示范性

示范性是小学教师语言的重要特点之一。教师要成为学生的语言榜样，以其语言习惯和表达方式对学生产生潜移默化的影响。

首先，小学教师应呈现标准的普通话语音面貌，做到发音准确、吐字清晰、停连恰当、语速适中，避免因本身方言音给学生带来负面影响。

其次，小学教师应使用普通话中的词汇，而不使用方言词汇。在词汇的运用上，应充分考虑小学生的思维习惯和学习特点，使用对他们来说可懂的、形象又生动的词汇进行表达。

最后，小学教师在语言表达过程中的语法应符合普通话语法规范，多使用结构简单完整的单句、短句，避免使用复杂难懂的长难句、语义不明的歧义句等。

总之，教师需要使用标准、规范的普通话，避免使用不恰当的词汇和语法结构，为学生提供一个良好的语言学习环境。还要注意表达方式的适度，语速、音量的控制，帮助学生形成正确的语言习惯。同时，教师还应以学生为本，关心和尊重每一个学生，用真诚的语言与学生沟通；通过语言与学生建立情感联系，增强学生的信任感和归属感。

（二）教育性

小学教师语言的教育性关系到教师的教育理念、教育方式和教育目标的实现。

第一，小学教师语言的最基本功能是传递知识。教师语言不仅是讲授知识的工具，还是对重难点知识进行点拨、解惑的重要手段。

第二，小学教师的语言对学生的行为习惯和价值观形成具有引导作用。教师可以通过语言的引导解决实际教育中的问题，帮助学生形成良好的行为习惯和道德品质。同时，小学教师的语言对学生的心理健康和人格发展具有重要影响。运用恰当的教师语言不仅能够解决教育教学问题，还能帮助学生建立自信，培养积极向上的乐观心态。

第三，教师通过语言与学生交流和互动，可以培养学生的语言表达能力和思维能力。教师可以使用富有启发性的语言引导学生思考、描述、分析问题。

（三）启发性

启发性是指教师在教学过程中运用具有启发性的语言刺激学生的思维，促使学生在具体的学习活动中学会独立思考和大胆想象，在高效完成教育教学任务的同时，发展学生的思维能力及想象力。

此外，教师也可通过精心设计的问题，引导学生逐步深入地思考，激发学生的思维活跃性；通过适当的提示和引导，帮助学生更好地理解和掌握知识。教师在对学生进行评价时，要以激励和鼓励为主，以激发学生的自信心和学习动力。评价语要具体、客观、有针对性，能够指出学生的优点和不足之处，并给出具有建设性的意见和建议。

总而言之，教师通过启发性的语言可以引导学生发现问题、分析问题和解决问题，激发学生的求知欲和探索精神，培养学生的创新思维和创造力。恰当的教师语言不仅有助于提高学生的知识水平，还有助于培养学生的综合素质和能力，为学生未来的发展打下坚实的基础。

（四）儿童化

儿童化是指教师使用符合儿童语言习惯和认知特点的语言表达方式与小学生交流。小学生的语言能力和认知水平有限，教师需要用简单、易懂、形象的语言将复杂的概念和知识表达出来，做到“化繁为简”，以此帮助学生更好地理解和掌握抽象、难懂的概念和知识。小学各科知识点对于教师本人来说十分简单，但如何将自己认为“简单”的知识用学生能理解、能听懂的语言表达出来，是许多新手教师初登讲台时遇到的最大困难。

同时，儿童对语气和表情的感知较为敏锐，因此，教师在与小学生交流时，应该使用亲切、生动的语气和表情吸引学生的注意力，增强学生的学习兴趣，营造温馨、融洽的教学氛围。

（五）形象性

小学生的思维以形象思维为主，因此，小学教师在教学中应该使用形象的语言，帮助学生更好地理解抽象的词语、事物和概念。具体需要做到以下三个方面。

第一，语言的具体化。教师使用具体、形象的词汇来描述概念和事物，让学生能够更好地感知和理解。比如，在数学课上，教师可以使用具体的物品或图形来解释数学概念，帮助学生更好地理解。

第二，语言的情境化。教师通过描绘生动的情境，让学生更好地想象和理解。比如，在语文课上，教师可以使用形象的词汇和语言描绘课文中的情境，帮助学生更好地进入角色，感知情境。

第三，语言的情感化。教师通过富有情感的语言来表达课文中的情感和思想，让学生更好地感知和理解。比如，在语文课上，教师可以使用情感化的语言来朗读课文，帮助学生更好地理解其中的情感和思想。

第二章 普通话训练

第一节 发声技能

一、发声系统

有声语言是课堂教学的主要形式，也是最利于教师情感表达的媒介之一。一位优秀的小学教师，除具备扎实的教学能力、管理能力、反思能力和教育科学研究能力外，还需具备良好的语言表达能力。而科学的发声不但能帮助教师避免嗓音“职业病”，而且能在教师于教学中准确表达感情、提高教学质量方面起到关键作用。

（一）发声的物理系统——声音的四要素

从声音的物理属性来看，声音具有音高、音强、音长、音色四个要素。

1. 音高

音高指的是声音的高低，它取决于发音体振动速度的快慢。发音体振动速度越快，声音越高；反之，声音越低。

一般来说，大、粗、厚、长、松的物体振动速度慢，频率低，声音低；小、细、薄、短、紧的物体振动速度快，频率高，声音高。如：吉他不同粗细琴弦的声音；

成年男性与成年女性的声音；幼儿、青年、老年人的声音。

同时，同一个人在表达不同感情时发出的声音也有高低之分，如：生气时声音较低，看到可爱的小猫小狗时声音会变得较高。

2. 音强

音强指的是声音的强弱，它与发音体振动幅度的大小有关。振动幅度越大，声音越强；反之则越弱。发音体振动的幅度叫作“振幅”，单位为分贝（dB）。如：击鼓时，大力敲击鼓面，鼓面大幅度振动所发出的声音很强；反之，轻敲鼓面，鼓面小幅度振动所发出的声音就很弱。（图 2–1）

图 2–1　击鼓音强示意图

3. 音长

音长指的是声音的长短，它取决于发音体振动时间的长短。振动时间长，声音就长；反之则短。如：正常情况下数数的“一、二、三、四”和军人训练时喊口号的“一——二——三——四——”音长不同。

4. 音色

音色又叫音质，指的是声音的个性和特色。音色主要取决于发音体振动所形成的音波的曲折形式。因此，每个人、每种乐器，甚至每种物体所发出的声音几乎都是不同的。如：当接到一个陌生电话时，你能通过对方的音色判断出是不是熟人的声音；你能通过音色判断出发出声响的是哪种乐器；你能通过音色判断出发出声音的是哪种动物。

两三岁至六七岁的孩子处于语音发展的关键期，对于音色十分敏感。这一阶段的孩子最擅长识别教师音色、模仿教师发音，因此，对于教授小学低年级学生的教师来说，使用标准的普通话、为学生提供良好的语言环境至关重要。

（二）发声的心理系统——交际的需要

交际的需要催生了人类的语言，而语音作为语言的物质外壳直接使语言得到外显。（图 2–2）

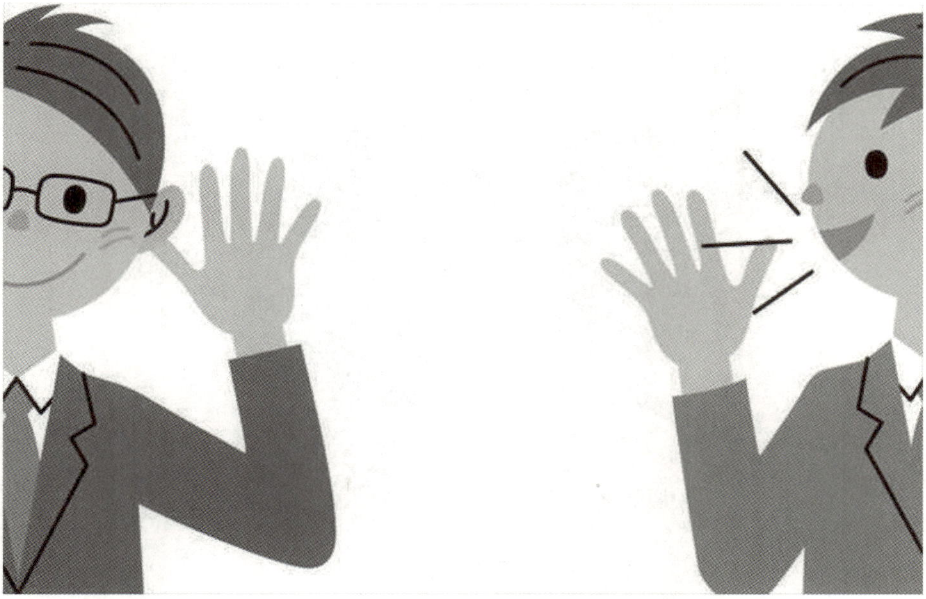

图 2–2　交际的过程——“听”和“说”

人类从幼儿时期开始，要经历听懂并模仿指令的前语言阶段，到以单词句、双词句、电报句为代表的语言发生阶段，再到基本掌握口语阶段。

从心理层面上看，人类有声语言的产生是从一个有声语言代码介入意识活动开始的。这一活动是在说话人的大脑语言中枢进行的。同时，在发音过程中，大脑仍在不断感知语音的正确性，并尝试修正，从而发出准确的声音。

（三）发声的生理系统——发音器官四大系统

1. 动力系统

肺是发音的动力站，肺部呼出的气流，通过支气管、气管到达喉头，提供使声带发生振动的动力——气息。（图 2–3）

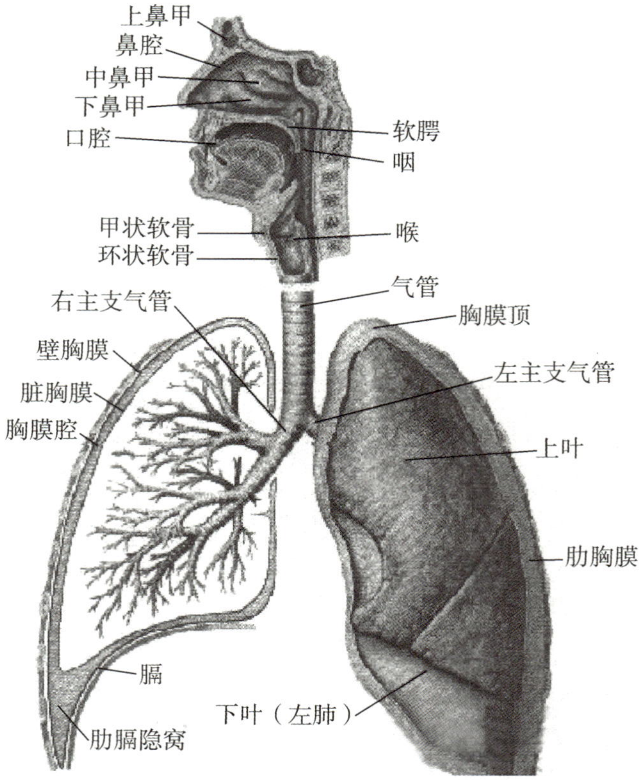

图 2–3　呼吸器官（肺部）示意图

发音器官的动力系统主要包括“呼”和“吸”两大过程，这也是发音最基本的生理基础。肺部如同风箱一般，将吸入的大量空气通过控制，平稳、持续地呼出。一些人说话存在“一字一顿”“气短”“音量小”等问题，即是“呼”和“吸”两大过程出现了问题。

2. 振动系统

发音器官的振动系统主要包括喉头和声带。喉头上通咽腔，下连气管。声带位于喉头的中间，是两片富有弹性的带状薄膜，是发音体。

从肺部呼出的气流通过声门，促使声带振动，发出声音。声带松紧的变化可以带来声音高低的变化。

吸气时，声带呈现两侧分散的放松状态；发声时，随着声带附近肌肉收缩，声带拉紧至几乎关闭，再由气管和肺冲出的气流不断冲击声带，引起振动。（图 2–4）

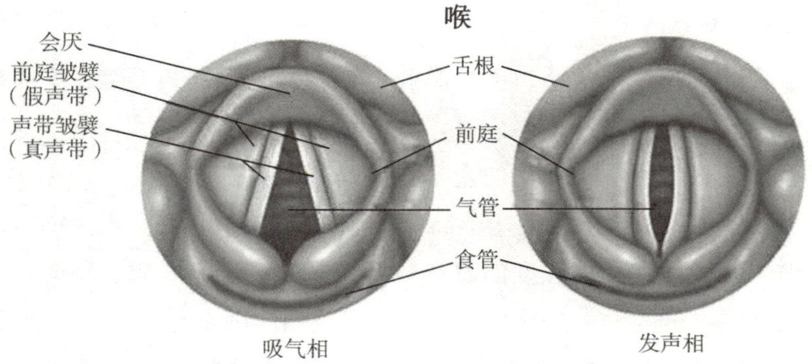

图 2-4　声带发声变化示意图

3. 构字系统

发音器官的构字系统主要集中于口腔、鼻腔和咽腔形成的“三腔”中，对发声构字来说，口腔最重要。（图 2–5）

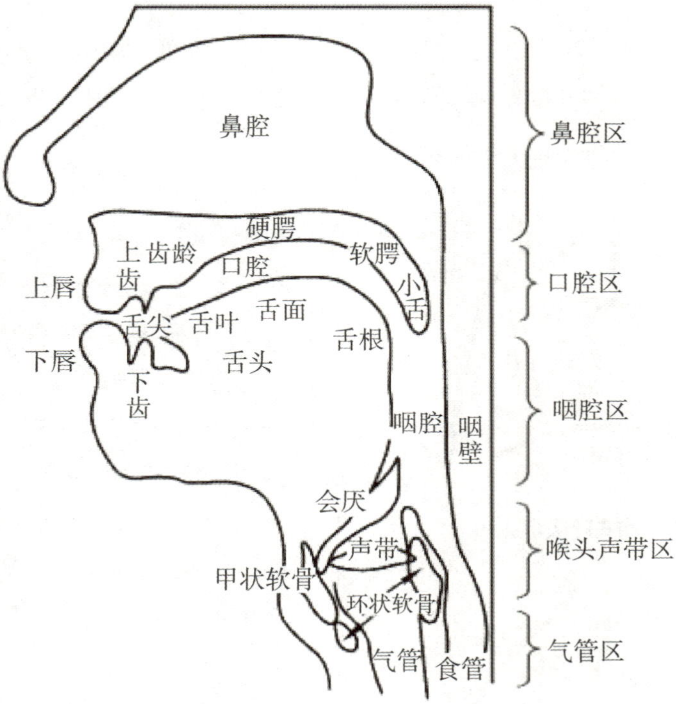

图 2–5　发音器官示意图

在发音的过程中，口腔中的唇、齿、舌、硬腭、软腭几个重要部位的位置和接触方式的变化，产生了人类语言的语音音素（包括辅音、元音等），此即构字的基础。

4. 共鸣系统

发音器官的共鸣系统包括口腔、鼻腔、咽腔、胸腔等共鸣腔，主要起到扩大声音、美化声音的作用。

小学教师在日常教学中面对的主要对象是音调高、声音尖细的小学生，常出现学生大声吵闹，教师被动地使用更高、更响的声音进行“压制”和管理的情况。这样长期地依赖嗓子进行高强度的发音容易造成许多嗓音问题。因此，对于小学教师来说，掌握一定的发声共鸣技巧，使声音更加饱满洪亮就显得十分重要了。

发音器官的四大系统所对应的发声要点为：呼吸控制（动力系统）、喉部控制（振动系统）、口腔控制（构字系统）、共鸣控制（共鸣系统）。

下面主要围绕发音器官四大系统所对应的发声技能，进行呼吸训练、吐字归音训练和共鸣训练。

二、呼吸训练

“声乃气之帅，气乃声之源”，声音的长短、高低和强弱，都与呼吸时呼出气流的速度、流量和密度相关。而“呼吸”是由“吸”和“呼”两大动作组成的。

（一）常见的呼吸方法

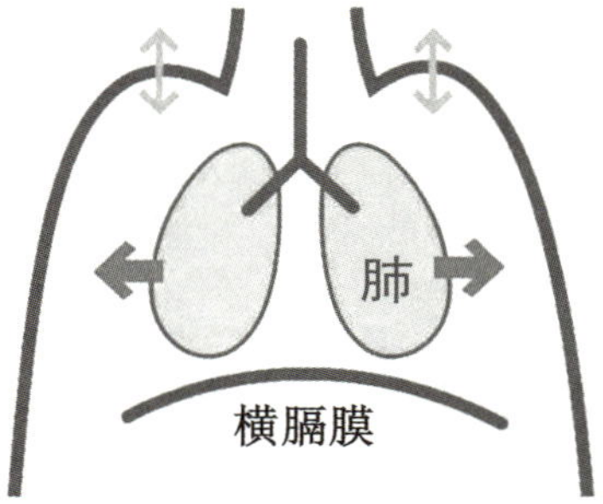

图 2-6　胸式呼吸示意图

1. 胸式呼吸

胸式呼吸又称锁骨式呼吸，是胸廓扩张较明显的一种呼吸方法，呼吸时肩头上耸、腹部凹陷、胸部隆起。这种呼吸方式的特点是轻、短、浅、少，也是大部分成年女性在无意识中使用的一种呼吸方式，因而许多女教师说话时间长了会感到气短、喘不上气来。（图 2-6）

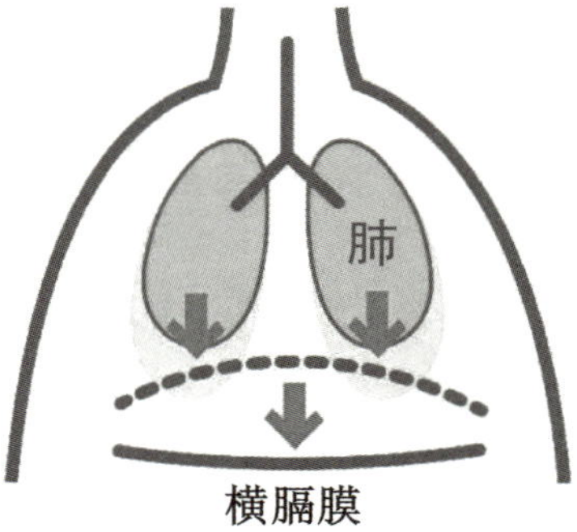

图 2-7　腹式呼吸示意图

2. 腹式呼吸

腹式呼吸是吸气时尽可能充分地扩张腹肌，呼气时收缩腹肌，缓慢吐气的呼吸方法，大部分成年男性在无意识中使用的是这种呼吸方法。腹式呼吸的特点是深沉而量大。（图 2-7）

3. 胸腹式联合呼吸

胸腹式联合呼吸是胸式呼吸和腹式呼吸的结合，是一种依靠胸腔、横膈膜和腹部肌肉控制气息的呼吸方法。常用于声乐、体育运动、播音主持等需要较大呼吸量的活动。小学教师在课堂教学和管理过程中同样需要较大的呼吸量，掌握胸腹式联合呼吸法能够扩大气息容量，使气息均匀，呼吸自如。

胸腹式联合呼吸的要领：吸气时，双肩下沉，腰直立，口鼻同时吸入气流，感受胸部扩张、腹部胀起；呼气时，控制肌肉，呼出强健、持久的气流，即“快吸慢呼”。

（二）吸气训练

1. 慢吸

吸气前叹气，以清空体内空气，吸气时做到“吸到肺底、两肋打开、腹壁站定”，感受胸部充盈、腹部绷紧站定。

练习：

闻花香。把沁人心脾的“花香”慢慢吸入肺底，感受躯干下部渐渐向四周扩张，腰带渐紧，吸气到位。

半打哈欠。口腔微张，进行缓慢、放松而量大的吸气，感受胸部气流的充盈。

2. 快吸

吸气前尽量吐出余气，吸气时精神状态兴奋从容，口鼻微微张开，两肋有意识地用力向外扩张，打开胸腔，腹部微胀，气流快速流入身体。

练习：

抬重物。想象在抬取重物前的吸气准备动作——铆足了劲深吸一口气，再尝试把重物抬起来。吸气时腹部略鼓，胸腔有意识地扩张；呼气时腹部放松但不要用力收缩，胸腔保持住扩张的状态。重点是在横膈膜处用力，呼气时要感觉保持将气集中在横膈膜上不分散。

（三）呼气训练

呼气时，腹肌收缩，平稳、均匀地呼出气流，在此过程中，两肋适当地保持支撑感，即“收腹呼气”。

练习：

数数。快速吸气后，通过控制腹肌呼气匀速数数，男生数 1—35，女生数 1—25。呼气过程中不可换气，做到稳定、持久。

吹空瓶。快速吸气后，嘴唇微撮，均匀、缓慢地呼出气流，时间控制在 30 秒左右为最佳。

（四）呼吸综合训练

1. 慢吸快呼训练

保持慢吸的正确状态吸气后，用一口气尽量说又多又快的话。

练习绕口令：

吃葡萄不吐葡萄皮儿。

红凤凰，黄凤凰，粉红凤凰，花凤凰。

四是四，十是十，十四是十四，四十是四十。

黑化肥发灰，灰化肥发黑。黑化肥发灰会挥发，灰化肥挥发会发黑。

2. 快吸快呼训练

快吸，就是保持慢吸时“吸到肺底、两肋打开、腹壁站定”的基本状态，将慢慢吸气改为在张嘴的一刹那就吸气到位，就像惊讶时的瞬间吸气。快呼要求呼吸控制急而不促、快而不乱、长而不喘。

练习 1——《三字经》（选段）：

人之初，性本善。性相近，习相远。
苟不教，性乃迁。教之道，贵以专。
昔孟母，择邻处。子不学，断机杼。
窦燕山，有义方。教五子，名俱扬。
养不教，父之过。教不严，师之惰。

子不学，非所宜。幼不学，老何为。
玉不琢，不成器。人不学，不知义。
为人子，方少时。亲师友，习礼仪。

练习 2——《游子吟》：

慈母手中线，游子身上衣。
临行密密缝，意恐迟迟归。
谁言寸草心，报得三春晖。

练习 3——长句：

在车站出口处，他们遇到了严格的检查，虽然江姐拿出了证件，但是军警还是查看了行李卷，这使江姐感到意外，清楚地看出这座县城完全被一种特别严重的白色恐怖笼罩着。如果不是司机沿途保护，他们很可能刚到目的地就出事了。——《红岩》

人最宝贵的是生命，生命对于人来说只有一次。人的一生应当这样度过：当他回首往事时，不会因虚度年华而悔恨，也不会因碌碌无为而羞耻。这样，临终前他就可以自豪地说："我已经把自己整个生命和全部精力都献给了世界上最壮丽的事业，为人类的解放而奋斗。" ——《钢铁是怎样炼成的》

三、吐字归音训练

（一）吐字归音的概念、步骤、要求

1. 吐字归音的概念

吐字归音是源于中国传统戏曲声乐艺术的一种发音方法。用京剧来举例：京剧演员在舞台上需要穿着沉重的戏服一边表演一边唱词，他们在高负重下唱出的词仍然字字分明、清晰有力。这些京剧演员就是运用了吐字归音的方法，并加以训练。现在，吐字归音作为一种发音方法，已从戏曲艺术逐步渗透到歌唱、话剧，以及播音主持等艺术实践中。对于同样做"出口"工作的教师来说，吐字归音的练习能对教师语言的运用提供很好的帮助。

2. 吐字归音的步骤和要求

吐字归音贯穿发音的整个过程，可以总结为出字、立字、归音三大步骤。其中，出字指的是发音时声母和韵头的发音过程，即咬字阶段，决定着发音的清晰度；立字指的是韵腹的发音过程，决定着发音的开口度和响亮程度；归音指的是发音时韵尾的发音过程。只有通过出字、立字、归音的共同协作，才能形成“珠圆玉润”的发音。（图 2–8）

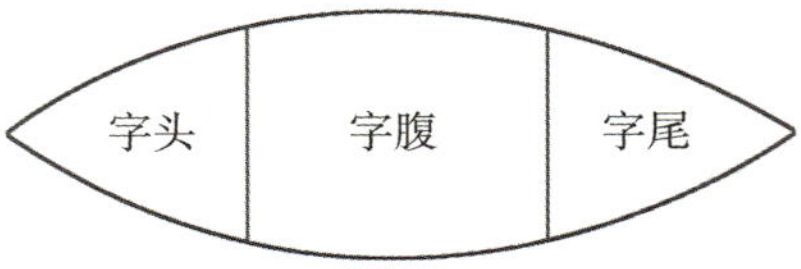

声母	韵头	韵腹	韵尾
声母	韵母		

图 2–8　吐字归音的过程

吐字归音的具体要求：

◎ 出字准确有力、叼住弹出——不吃字；

◎ 立字圆润饱满、拉开立起——不倒字；

◎ 归音干净利索、弱收到位——不丢音。

（二）吐字归音训练

1. 出字训练——声母

（1）双唇喷吐力（b、p、m、f）

宝贝、版本、不必、辨别

批评、评判、偏偏、琵琶

密码、面貌、猫咪、眉毛

丰富、方法、反复、防范

（2）舌尖弹射力（d、t、n、l）

达到、对待、单独、等待

探讨、天堂、头疼、淘汰

能耐、男女、牛奶、南宁

理论、罗列、流利、轮流

（3）舌尖集中力量（z、c、s 、zh、ch 、sh、r）

藏族、簪子、自尊、总则

层次、措辞、参差、璀璨
思索、诉讼、搜索、四散
真挚、住宅、种植、着重
拆除、出差、长城、超出
硕士、师生、手势、少数
仍然、融入、柔软、柔韧

（4）牙关咬合力（j、q、x）

积极、解决、教具、讲解
前期、欠缺、亲切、亲情
学习、小学、学校、信息

（5）喉咙爆发力（g、k、h）

观光、巩固、改革、刚刚
可靠、刻苦、开阔、口渴
回话、绘画、后悔、黄昏

2. 出字训练——韵头

（1）韵头 i

衣、姨、已、抑
押、牙、雅、亚
椰、爷、也、耶
腰、尧、咬、药
优、由、有、又
烟、盐、演、燕
音、银、引、印
央、羊、痒、漾
英、迎、影、硬

（2）韵头 u

乌、吴、武、物
挖、娃、瓦、袜
窝、/、我、握
歪、/、崴、外
微、围、尾、喂

弯、玩、晚、腕
温、闻、吻、问
汪、王、往、望
翁、/ 、塕、瓮

（3）韵头 ü

迂、于、雨、玉
约、/ 、哕、月
冤、圆、远、怨
晕、云、允、运
拥、喁、永、用

3. 立字训练

（1）单元音韵母

a：阿、巴、趴、妈
o：噢、播、坡、摸
e：鹅、得、特、讷
i：衣、继、披、齐
-i（前）：资、此、思
-i（后）：知、吃、诗、日
u：乌、顾、哭、不
ü：玉、句、绿、取
ê：欸
er：儿、耳、贰

（2）复元音韵母

◎ 开口呼韵母：

ai：爱、白、脉、菜
ei：北、陪、美、雷
ao：熬、猫、宝、老
ou：欧、某、狗、搜
an：安、班、满、看
en：恩、盆、粉、人
ang：昂、苍、狼、党
eng：邓、层、能、腾

◎ 齐齿呼韵母：

ia：崖、家、夏、掐

ie：别、些、姐、夜

iao：表、漂、条、鸟

iou：优、丢、牛、绣

ian：编、偏、棉、电

in：滨、品、民、寝

iang：娘、亮、讲、强

ing：冰、平、宁、情

◎ 合口呼韵母：

ua：花、瓜、夸、刷

uo：多、拖、罗、说

uai：乖、筷、揣、帅

uei：堆、退、桂、吹

uan：端、团、乱、观

uen：蹲、吞、昆、春

uang：光、狂、慌、窗

ueng：翁、瓮

ong：冬、农、空、虫

◎ 撮口呼韵母：

üe：疟、绝、缺、学

üan：捐、圈、宣、渊

ün：君、群、熏、晕

iong：窘、琼、兄、永

4. 归音训练

（1）抵腭（前鼻音韵尾）

gǎntàn、bīnlín、gēnběn、lùnwén

感 叹、濒临、根 本、论 文

nánkān、rénmín、shēnxīn、xīnqín

难 堪、人 民、身 心、辛 勤

（2）穿鼻（后鼻音韵尾）

shāngchǎng、yúwēng、fēngshèng、cóngróng、mìnglìng

商 场、渔 翁、丰 盛、从 容、命 令

píngděng、jīngyíng、céngjīng、ángyáng、qìngxìng
平　等、经　营、曾　经、昂　扬、庆　幸

（3）展唇（元音 i 韵尾）

àidài、huíwèi、páihuái、shuǐwèi
爱戴、回　味、徘　徊、水　位
kāihuì、guīduì、mǎimai、bǎipāi
开　会、归　队、买　卖、摆　拍

（4）敛唇（元音 u 韵尾）

bàogào、ōuzhōu、zǎocāo、yōuxiù
报　告、欧　洲、早　操、优　秀
dǎogào、pāomáo、xiǎoniǎo、hǎoyǒu
祷　告、抛　锚、小　鸟、好　友

5. 口部操

口部操，是指不出声地运用吐字器官，以获得灵活控制吐字器官的能力的一种训练方法。它用人工设计的各种动作来加强吐字器官的肌肉力量和精细控制能力。一般包括上下颌开闭、唇的展撮、舌的伸缩转动等几项，其中以唇舌练习为多。口部操是提高发音能力的一种训练方法，也可作为发音前的准备活动。

口部操主要以唇操和舌操为主。

（1）唇操

唇操包括喷唇、噘咧嘴、撇唇、绕唇四个部分。

喷唇：也称作双唇后打响，双唇紧闭，将唇的力量集中于后中纵线三分之一的部位，唇齿相依，不裹唇，阻住气流，然后突然连续喷气出声，发出 p、p、p 的音，重复 30 次。这个动作可以帮助练习者增加唇部力量，使发音更集中、更清晰。⚠注：喷唇时不要抿嘴。

噘咧嘴：双唇闭紧尽力向前噘起，然后将嘴角用力向两边伸展（咧嘴），反复进行。一噘一咧为一组，重复 30 组。这个动作能够帮助训练者增加唇部力量，使发音更集中。⚠注：噘唇时要噘到极限，但不可使唇部外翻。咧唇时，不要露出牙齿。

撇唇：双唇闭紧向前噘起，然后向左歪，回正；向右歪，回正。左右一轮为一组，重复 20 次。⚠注：各方向撇唇力度要一致。

绕唇：双唇闭紧向前噘起，然后向左或向右做 360 度的转圈运动，重复 5 圈。

（2）舌操

舌操包括刮舌、顶舌、伸舌、绕舌、立舌、舌打响六个部分：

刮舌：舌尖抵住下齿背，随着张嘴，用上门齿齿沿刮舌叶、舌面，直到舌面隆起，重复 10 次。这个动作可以很好地训练舌面肌肉，提高舌面音 j、q、x 的发音准确度。

顶舌：闭唇，舌尖先后顶住左右内颊，用力往两边顶，重复 10 次。这个动作可以增加舌头的力量。

伸舌：将舌伸出唇外，舌体集中、舌尖向前后、左右、上下尽力伸展，重复 10 次。这个动作可以很好地训练舌尖肌肉，使舌尖力量集中。

绕舌：闭唇，舌尖伸到齿前唇后，沿顺、逆时针方向环绕 360 度，重复 10 圈。这个动作能够增强舌头的灵活性。

立舌：舌尖向后贴住左侧槽牙齿背，然后将舌沿齿背推至门齿中缝，使舌尖向右侧翻，再做相反方向的练习，重复 10 次。这个动作能够帮助练习者更好地感知发边音 l 时的舌头位置。

舌打响：舌尖抵住上颚，舌中部用力下凹，之后舌头快速下弹。重复 4 个八拍。

（三）声调训练

1. 声调的概念

试一试：在不读声母和韵母的前提下发一至四声，看看是否会成功。

声调是依附在音节上的超音段成分，主要由音高构成。声调是汉语中固有的，可以用来区别意义的声音的高低和升降。

2. 调值和调类

（1）调值

调值是声调高低升降、曲直长短的变化形式，也就是声调的实际音值或读法。

为了把调值描写得具体、好懂，一般采用赵元任等语言学家创制的“五度标记法”来标记声调。（图 2–9）

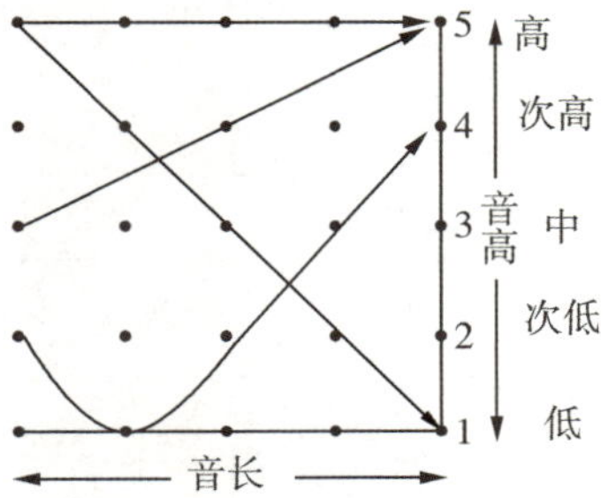

图 2–9　五度标记法

五度标记法将普通话中的声调标记为：

◎ 阴平（第一声）：调值 55；

◎ 阳平（第二声）：调值 35；

◎ 上声（第三声）：调值 214；

◎ 去声（第四声）：调值 51。（图 2-10）

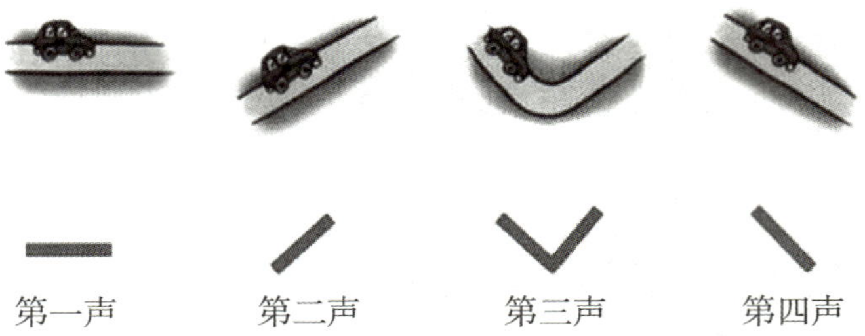

图 2-10 普通话中的四个声调

（2）调类

调类是声调的种类，就是把调值相同的字归纳在一起所建立的类。声调、调值和调类的对应关系如表 2-1 所示。

表 2-1 普通话中的声调、调值、调类对应表

声 调	调 值	调 类
第一声	55	阴平
第二声	35	阳平
第三声	214	上声
第四声	51	去声

练习：

汉 字	拼 音	声 调	调 值	调 类
来				
去				
走				
三				
国				
泰				
民				
安				

四、共鸣训练

前文提到，发音器官的共鸣系统包括口腔、鼻腔、咽腔、胸腔等，主要起到扩大声音、美化声音的作用。人的发音器官是天生的，共鸣腔也是天生的，无法对其进行改造，但可以掌握一定的共鸣方法对它进行调节，改善声音表现，提高发音效率。

（一）认识共鸣腔

共鸣腔，是指起共鸣器作用的声腔。人体声道中的共鸣腔有 4 个，它们是口腔、鼻腔、咽腔和胸腔。发音时，口腔、鼻腔和咽腔的空气能与喉中声带共振，从而发生共鸣。

不可调节的共鸣腔：鼻腔、胸腔。

可调节的共鸣腔：咽腔、口腔。

1. 鼻腔

鼻腔被鼻中隔分为左右对称的两部分，底部是硬腭，外面是鼻甲。鼻腔前方有鼻孔与外界相通，是除口腔外呼吸的另一条通道，鼻腔后方通向鼻咽腔。鼻腔有固定的容积，属于不可调节的共鸣腔，鼻腔共鸣的作用主要由以下三种方式实现。一是在发鼻辅音时，软腭下垂，鼻腔通路打开，声波随气流通过鼻腔透出，产生鼻腔共鸣。二是在发鼻化元音时，软腭略下垂，声波随气流分两路，分别由口腔、鼻腔透出，取得鼻腔共鸣色彩。三是在发声过程中，声波在口腔中冲击硬腭，由骨传导而产生鼻腔共鸣。（图 2–11）

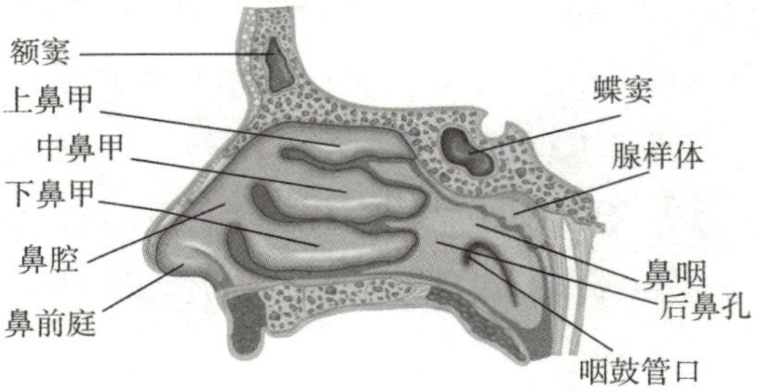

图 2–11　鼻腔构造

此外，由鼻腔向周围骨质膨出的若干含气骨质腔体，包括额窦、蝶窦、筛窦等，均有小孔与鼻腔通连，统称为鼻窦。这些腔体很小，对高频声波共鸣作用明显，在高音区发声时会产生头部、面部的振动感。在艺术语言中，鼻腔以上的共鸣被称为“头腔共鸣”。

2. 胸腔

胸腔，可以被看作由肋骨支撑的胸廓，是不可调节的共鸣腔。胸腔容积大，对低频声波共鸣作用明显。胸腔共鸣不参与语音的制作，但可以扩大音量，增加低泛音，使声音听起来洪亮浑厚、结实。

发声时应注意将两肋打开并撑住，保持胸廓的积极状态，以产生较好的胸腔共鸣。

3. 咽腔

咽腔也叫咽管，是个前后稍扁的漏斗状肌管。咽腔容积较大，管子较长，后咽壁附于脊椎，上起颅底，下连食道；咽前壁分别与鼻腔、口腔和喉腔相通。由此，我们一般将咽腔分为三部分：软腭以上，前通鼻腔，称鼻咽部；中段前通口腔，称为口咽部；下段连接喉腔，称为喉咽部。其中，软腭的升降可以关闭或打开鼻腔通路。咽腔处于声道由垂直向水平方向转变的弯道部位，容积较大，形状可以改变的幅度也比较大，是重要的共鸣腔。发声中应强调后咽壁在发声过程中的积极作用，使其保持一定坚韧度，同时强调软腭抬起的积极状态。

4. 口腔

口腔，是发声过程中最灵活、复杂的腔体，其形状对共鸣有重要影响，是非常重要的共鸣腔。口腔的开合可以由下齿的动作控制，舌的形状的变化也可以改变口腔容积，并将它划分为若干小的腔体。

口腔共鸣又称为中音共鸣、中部共鸣。口腔共鸣对于言语发声至关重要。没有口腔的活动就不可能产生言语声；不充分发挥口腔共鸣的作用，就不可能使字音圆润动听；没有口腔共鸣，喉腔、咽腔共鸣以至鼻腔、胸腔共鸣就无从发挥效用。播音发声以口腔共鸣为主，其他腔体共鸣必须在取得良好口腔共鸣的基础上实现。口腔共鸣要求提起颧肌，挺起软腭，放松下巴，打开口腔，使口腔在发声过程中处于积极的状态。同时，强调各咬字器官的力量集中，尤其是唇、舌力量的集中，舌位要准确、鲜明，发声动作要流畅完整。

（二）共鸣训练

1. 鼻腔共鸣训练

鼻腔共鸣主要是通过紧闭双唇、舌尖抵住上齿龈，或是舌根抬起，接近或抵住软腭，从而封闭口腔通道得以实现的。在普通话发音中，声母 m 就是紧闭双唇封闭口腔通道，气流从鼻腔流出所产生的；而声母 n 为舌尖抵住上齿龈，封闭口腔通道，气流从鼻腔流出所产生的；前后鼻音韵尾 -n 和 -ng 则为舌根抬起接近或抵住软腭，从而封闭口腔通道，气流从鼻腔流出所产生的。因此，在普通话发音练习中，须重点关注声母 m、n 和前后鼻音韵尾 -n、-ng 的鼻腔共鸣。

（1）声母 m 的共鸣练习

密码、命名、慢慢、面貌
妹妹、妈妈、默默、买卖
猫咪、莫名、眉毛、迷茫
盲目、馍馍、麻木、木马

某某、面膜、谜面、满满
门面、木门、茂名、冒昧
美妙、美貌、美满、绵绵
谩骂、棉麻、每秒、漫漫

泯灭、渺茫、卖萌、卖命
貌美、明媚、牧马、牧民
慕名、木棉、嬷嬷、磨灭
谋面、磨墨、曼妙、脉脉

（2）声母 n 的共鸣练习

恼怒、难耐、暖暖、奶奶
奶娘、奶牛、牛奶、男女
南宁、能耐、妞妞、年年
年内、那年、讷讷、牛腩

娘娘、拿捏、念念、呢喃
暖男、浓浓、袅袅、哪年
难弄、泥淖、囡囡、泥泞
牛年、内能、扭捏、喃喃

牛脑、嫩牛、黏腻、蔫蔫
内囊、袅娜、妮妮、农奴
脑内、难弄、哪能、娜娜
内难、女娘、泥牛、挪挪

（3）前鼻音韵尾的共鸣练习

真金、民本、缤纷、人民
贫民、辛勤、金银、薪金
殷勤、紧跟、沁心、信心
忍心、身心、尽心、狠心

门诊、分针、粉尘、引进
印痕、珍品、枕巾、阴沉
呻吟、妊娠、谨慎、莘莘
人参、认真、森林、拼音

濒临、频繁、怜悯、近邻
仅仅、音频、扮演、饮品
聘任、珍禽、亲信、婚姻
振奋、隐身、侵占、沉浸

（4）后鼻音韵尾的共鸣练习

平生、平等、平衡、平整
平定、平静、凭证、乒乓
姓名、争名、正名、命名
更名、更正、命令、酩酊

伶仃、叮咛、聆听、英明
英灵、精灵、经营、冰冷
冰凌、性情、病情、病症
冷静、宁静、竞争、径庭

警醒、清醒、京城、省城
胜景、瓶颈、晶莹、精明
定情、鼎盛、章程、征程
证明、庆幸、狰狞、蒸腾

2. 口腔共鸣训练

澎湃、冰雹、碰壁、玻璃
蓬勃、喷泉、批判、拍打
把手、美妙、盆地、逆流
铁道、强盛、凝结、快速

轮廓、居然、酗酒、略微
穷苦、捐献、雄壮、法郎
配合、号召、约会、北面
反映、运动、放心、更加

普遍、亲戚、抓紧、讲座
推广、问题、群众、原料
荣辱、闯荡、酸楚、琐碎
串供、催促、婶婶、揣测

第二节　语流音变

一、语流音变的概念

说话时语音往往是以一连串语流的形式出现的。在语流中，原本相互独立的音节与音节、音素与音素、声调与声调之间会相互影响，形成语流音变。

在普通话里，主要的语流音变有变调、轻声、儿化和语气词“啊”的音变。

（一）变调

变调是指语流中某个声调受到相邻字音声调的影响而出现的声调变读现象。一个音节单念时的调值叫本调，音节相连时本调发生了变化就叫变调。

1. 上声的变调

试一试：请标注出下列词语中的所有上声（第三声）。

老师	起来	水果
祖国	姐姐	领导
考验	想想	口渴
		展览馆
		纸老虎

不难发现，第一列均为“上声 + 非上声”组合，第二列均为“上声 + 轻声”组合，第三列均为“两个或三个上声相连”的组合。在不同组合中，上声的变化也有所不同。

（1）“上声 + 非上声”的变调

上声在非上声（阴平、阳平、去声）前，读作半上声 21 调。

上声	+	非上声
老（21）		师（55）
北（21）		京（55）

祖（21）	国（35）
语（21）	流（35）
韭（21）	菜（51）
考（21）	验（51）

（2）“上声＋轻声”的变调

◎ 轻声字的本调是非上声时，其前面的上声读作半上声 21 调；

◎ 轻声字是上声转化来的时，其前面的上声读作阳平或半上声 21 调。

上声	＋	轻声
姐（21）		夫
比（21）		方
起（21）		来
水（35）		里
想（35）		想
姐（21）		姐

（3）“上声＋上声”的变调

两个上声相连，前面的上声调变读为升调 35 调。

上声	＋	上声
水（35）		果（214）
领（35）		导（214）
口（35）		渴（214）
酒（35）		厂（214）
领（35）		跑（214）
洗（35）		脸（214）

（4）“上声＋上声＋上声”的变调

三个上声相连，分为两种情况。若前两个字的意思相连、关系紧密，则前两个字均读为阳平（35 调）；若后两个字的意思相连、关系紧密，则第一个字读为半上声（21 调），后两个字分别读为阳平（35 调）、上声（214 调）。

上声	＋	上声	＋	上声
展（35）		览（35）		馆（214）
手（35）		写（35）		体（214）
洗（35）		脸（35）		水（214）

纸（21）	老（35）	虎（214）
小（21）	礼（35）	品（214）
很（21）	勇（35）	敢（214）

如果有更多的上声连读，则按照语义的停顿分成两个或者三个音节一组，再按照上述规律变读。

小李　给我　买两把　好雨伞

请你　想想　往左走　还是　往右走

九点　我想　起床　去　展览馆

（5）上声变调口诀

上加上，变直上（35）；

上非上，变半上（21）；

上加轻，直上或半上（35或21）；

多上相连划音节。

练习1：

土地、改良、女兵、统一、海洋

宝贝、鼓励、解放、尾巴、语言

里头、有毒、巩固、走开、选举

考察、水库、解除、水印、老板

火柴、鼓动、享受、浅水、搞鬼

练习2：

五组的小组长姓鲁，九组的小组长姓李，

鲁组长比李组长小，李组长比鲁组长老。

比李组长小的鲁组长有个表姐比李组长老，

比鲁组长老的李组长有个表妹比鲁组长小。

小的小组长比老的小组长长得美，

老的小组长比小的小组长长得丑。

请你想一想：

是鲁组长老，还是李组长的表妹老？

是李组长小，还是鲁组长的表姐小？

2.“一、不”的变调

（1）“一、不”什么时候不变调

◎ 单念：

单念“一、二、三”时不变调；

单用时不变调，如：“不！”

◎ 处于词末、句末：

处于词末时不变调，如：“三十一，任选其一”。

处于句末时不变调，如：“我偏不！”

◎ 前有序数词：

如：“第一”。

（2）“一、不”什么时候要变调

◎ 在去声前：

“一、不”在去声前读阳平，调值变为35。

一次、一定、一共、一块儿

不怕、不够、不愧、不对

◎ 在非去声前：

“一”在非去声前读去声，调值变为51。

一天、一年、一般、一把。

此时，“不”仍读去声（51）。

◎ 作重叠词：

“一”“不”嵌在相同的动词或形容词的中间，读轻声。

想一想、看一看、管一管、谈一谈

想不想、看不看、美不美、好不好

练习：

一心一意、一窍不通、考一考、说不定

一组、万一、不料、不屈不挠、搬一搬

好不好、一筐、一切、不仅、行不行

不骄不躁、能不能、来不来、一份、一年

不但、不想、听一听、做不了、来不及

3. “七、八”的变调

“七、八”在去声前调值可以变为35，也可以不变，其余场合念原调值55。

七岁、七块、七路、八岁、八块、八路 →（念35或55）

七天、七成、七亩、八支、八篮、八两 →（仍念55）

（二）轻声

讨论：有人说，轻声是普通话的第五个声调，你赞成吗？

轻声是一种特殊的变调现象，是指某些音节在词和句子中失去了它原有的声调，而读成一种又轻又短的调子。轻声音节记写时不标调号，因为它没有固定的调值，其调值是根据前一个音节的调值变化而变化的。

1. 轻声词的种类

（1）助词（“的、地、得，着、了、过”）和语气词（“吧、嘛、呢、啊”）

我的、慢慢地、干得漂亮、躺着、完了、来过

来吧、好嘛、她呢、谁啊

（2）叠音词（不单独成词）和单音动词重叠时的第二个音节

姥姥、奶奶、猩猩、蝈蝈、太太、姐姐、哥哥

听听、说说、看看

（3）构词后缀（“子、头、巴、们”）

子：桌子、椅子、凳子、杯子、被子

们：你们、我们、他 / 她 / 它们

巴：嘴巴、尾巴

头：木头、石头、甜头

⚠注：“电子、男 / 女子、窝窝头、烟头”中的“子”“头”是实语素，不读轻声。

（4）方位词

面：里面、外面

里：屋里、杯里、碗里

上：桌上、床上、地上

边：左边、右边、里边、外边

下：桌下、床下、地下

（5）趋向动词（来 / 去）

来：进来、出来、过来

去：进去、出去、过去

（6）常用双音节词的第二个音节

喷嚏、伙计、消息、动静、包袱、先生

（7）衬词（以下词里加下划线的音节一律读轻声）

黑<u>不</u>溜秋、傻<u>不</u>愣登、糊<u>里</u>糊涂、啰<u>里</u>啰唆

（8）量词“个”（一般读轻声）

一个、十个、几个

这个、那个、哪个、每个、某个

（9）双音节动词重叠时（ABAB）的第二、第四个音节

研究研究、考虑考虑、打扫打扫

2. 轻声的作用

（1）区别词义

地下 dìxià（地面之下）——地下 dìxia（地面上）

孙子 sūnzǐ（古代人名）——孙子 sūnzi（儿子的儿子）

是非 shìfēi（正确和错误）——是非 shìfei（纠纷）

（2）区分词性

自然 zìrán（名词）——自然 zìran（形容词）

实在 shízài（副词）——实在 shízai（形容词）

地道 dìdào（地下通道，名词）——地道 dìdao（正宗，形容词）

练习：

包子、本事、左边、风筝、石榴

动静、护士、算盘、胳膊、喷嚏

饽饽、笑了、姑姑、他们、起来

耳朵、豆腐、蚂蚱、体面、消息

糊里糊涂、考虑考虑、研究研究、啰里啰唆、体谅体谅

（三）儿化

1. 儿化的概念和规则

在普通话里，单韵母 er 不和声母相拼，但可以和前面音节的韵母结合，影响

这个韵母，使这个韵母变成一种具有特殊音色的卷舌韵母，这种现象就叫"儿化"。儿化了的韵母就叫"儿化韵"。

2. 儿化的作用

儿化的作用是区别词义，区分词性，表示亲切、喜爱或表示小巧可爱、细小、轻松。

（1）区别词义

头 tóu —— 头儿 tóur

眼 yǎn —— 眼儿 yǎr

火星 huǒxīng —— 火星儿 huǒxīr

⚠ 注：儿化后的词义通常比儿化前的范畴更为狭窄。

（2）区分词性

画 huà —— 画儿 huàr

盖 gài —— 盖儿 gàr

尖 jiān —— 尖儿 jiār

⚠ 注：儿化后的词性通常只为名词

（3）表示亲切、喜爱

老头儿、宝贝儿、小孩儿

（4）表示小巧可爱、细小、轻松

勺儿、皮球儿、笔尖儿、头发丝儿

练习：

冰棍儿、老伴儿、爷们儿、大伙儿、小名儿

娘儿俩、哥们儿、大婶儿、主角儿、小曲儿

嗓门儿、腰板儿、模特儿、快板儿、门槛儿

对门儿、大杂院儿、馅儿饼、瓜子儿、麻花儿

饱嗝儿、刘海儿、小辫儿、脸蛋儿、脸盘儿

（四）语气词"啊"的音变

语气词"啊"是表达感情的基本词，如果单独使用或在句子开头和末尾，不和其他元音连续时，一般都发 ɑ 音；当受到前一个音节韵尾影响时，就会发生音变现象。这种现象是语音的同化现象和增音现象。（表 2-2）

表 2-2 “啊”的音变规则表

前一个音节韵尾	读作	写作	举例
i、ü、a、 o、e、ê	→ ya	呀	鸡呀、鱼呀、挪呀、 饿呀、写呀、她呀
u （ao、iao）	→ wa	哇	好哇、苦哇、加油哇
n	→ na	哪	难哪、新哪、弯哪
ng	→ nga	啊	唱啊、香啊、小红啊
-i[ʅ], er	→ ra	啊	是啊、别吃啊、儿啊
-i[ɿ]	→ [z]a	啊	真丝啊、孩子啊

练习：

真好，真好啊！
那必须的啊！
是心动啊！
这么厉害啊！
好困啊！
唉，人生啊！

第三节　朗读技巧

（一）朗读的作用

《义务教育语文课程标准（2022 年版）》阅读目标中强调了能“用普通话正确、流利、有感情地朗读课文”[①]。评价学生的朗读，可从语音、语调和感情方面进行综合考查，还应注意考查学生对内容的理解和对文体的把握，注意加强对学生平日诵读的评价，鼓励学生多诵读，在诵读的实践中，发展语感，加深体验与领悟。因此，朗读在小学语文的教学中格外重要。

1. 朗读有利于思维的开发

朗读是把无声的文字转化为有情感的声音的活动，在这一活动中，通过“看文字—读出声—想象画面”的过程，不仅可以培养学生的识字能力和朗读能力，还能帮助学生调动右脑，提升形象思维能力。

2. 朗读有利于提高语言情感表达能力

语文老师常说“要读出感情”，这里的“感情”指的就是通过理解文本所表达出的情感，配以恰当的语气、停顿、轻重音等技巧，使冰冷的文本变得鲜活、生动。

3. 朗读有利于吐字清楚、表达连贯顺畅

小学阶段的学生虽已具备了一定的口语表达能力，但说话时仍有以短句、简单句为主的特点。学会朗读课文，能够帮助学生适应长难句，有利于提升学生未来在升学中、工作中的表达能力。

4. 朗读有利于规范语言表达

我国方言区众多，小学生在说话时难免夹带一定的方言音、方言词和方言句等。通过朗读，可以规范学生的普通话发音，规范学生用词、用句，达到规范语言表达的目的。

（二）朗读的要求

1. 把握主旨，理解课文

理解课文，是朗读的第一步。理解课文主要包括：第一，理解课文的内容；

① 中华人民共和国教育部．义务教育语文课程标准（2022 年版）[M]．北京：北京师范大学出版社，2022：7-8.

第二，理解课文的结构层次；第三，理解课文的感情；第四，理解课文中蕴含的道理。如：

揠苗助长①

古时候有个人，他巴望自己田里的禾苗长得快些，天天到田边去看。可是，一天，两天，三天，禾苗好像一点儿也没有长高。他在田边焦急地转来转去，自言自语地说："我得想个办法帮它们长。"

一天，他终于想出了办法，就急忙跑到田里，把禾苗一棵一棵往高里拔。从中午一直忙到太阳落山，弄得筋疲力尽。

他回到家里，一边喘气一边说："今天可把我累坏了！力气总算没白费，禾苗都长高了一大截。"

他的儿子不明白是怎么回事，第二天跑到田里一看，禾苗都枯死了。

《揠苗助长》讲述了古代一个农夫因急于求成，而采取了错误的方法来促进禾苗生长的故事。这个故事告诉我们，无论是植物的生长还是个人的发展，都有其内在的自然规律，不能为了追求短期的效果而违背这些规律。在学习和生活中，如果想要实现自己的目标，就需要脚踏实地地努力，一步一步地前进。全文可分为"揠苗"前和"揠苗"后两部分，朗读时可根据故事情节的发展调整语音的高低、快慢和强弱，如：在描述农夫拔苗时，可以使用较快的语速和较高的语调来体现他的焦急和迫切；在描述禾苗枯萎时，可以使用较慢的语速和较低的语调来传达失望和悲伤的情感，从而使朗读生动有趣，使学生深刻体会到故事的寓意。

2. 富于情感，掌握技巧

在理解课文内容的基础上，挖掘作品所表达的情感，通过朗读，身临其境地感受作者的情感，与作者产生共鸣，从而调动出丰富的情感展现于朗读中。如：

匆 匆②

燕子去了，有再来的时候；杨柳枯了，有再青的时候；桃花谢了，有再开的时候。但是，聪明的，你告诉我，我们的日子为什么一去不复返呢？——是有人偷了他们吧：那是谁？又藏在何处呢？是他们自己逃走了吧：现在又到了哪里呢？

我不知道他们给了我多少日子，但我的手确乎是渐渐空虚了。在默默里算着，八千多日子已经从我手中溜去，像针尖上一滴水滴在大海里，我的日子滴在时间的流里，没有声音，也没有影子。我不禁头涔涔而泪潸潸了。

---

① 教育部. 义务教育教科书　语文　二年级　下册［M］. 北京：人民教育出版社，2017：58.

② 教育部. 义务教育教科书　语文　六年级　下册［M］. 北京：人民教育出版社，2019：42-43.

去的尽管去了，来的尽管来着，去来的中间，又怎样地匆匆呢？早上我起来的时候，小屋里射进两三方斜斜的太阳。太阳他有脚啊，轻轻悄悄地挪移了，我也茫茫然跟着旋转。于是——洗手的时候，日子从水盆里过去；吃饭的时候，日子从饭碗里过去；默默时，便从凝然的双眼前过去；我觉察他去得匆匆了，伸出手遮挽时，他又从遮挽着的手边过去；天黑时，我躺在床上，他便伶伶俐俐地从我身上跨过，从我脚边飞去了；等我睁开眼和太阳再见，这算又溜走了一日；我掩面叹息，但是新来的日子的影儿又开始在叹息里闪过了。

在逃去如飞的日子里，在千门万户的世界里的我能做些什么呢？只有徘徊罢了，只有匆匆罢了。在八千多日的匆匆里，除徘徊外，又剩些什么呢？过去的日子如轻烟，被微风吹散了，如薄雾，被初阳蒸融了。我留着些什么痕迹呢？我何曾留着像游丝样的痕迹呢？我赤裸裸来到这世界，转眼间也将赤裸裸地回去吧？但不能平的，为什么偏要白白走这一遭啊？

你聪明的，告诉我，我们的日子为什么一去不复返呢？

作者朱自清围绕“匆匆”二字，表达了对时光一去不复返的无奈和惋惜。全文层次清晰，首尾呼应。“匆匆”给人一种快速而轻巧地离开的感觉，文中太阳“挪移”，日子“如轻烟”“如薄雾”，我“游丝样的痕迹”，无不体现出时光难以抓住、稍纵即逝的特征。朗读时可重点表达对时光快速轻巧逝去的感叹。

3. 语言规整，吐字清晰

语言的规整指的是语言表达的正确、清楚，吐字清晰指的是用普通话朗读时，注意多音字，读准字音，并且不漏字，不添字，不错字，不破句。

此外，还要做到语句顺畅、语速适中，态度自然大方，语气顺畅，停顿合理，节奏恰当。

小　池①

［宋］杨万里

泉眼无声惜细流，树阴照水爱晴柔。
小荷才露尖尖角，早有蜻蜓立上头。

在朗读古诗《小池》时，除了掌握生字词的正确读音，有感情地朗读外，还要注意朗读时的停顿，如“泉眼无声 / 惜细流”“树阴照水 / 爱晴柔”。

① 教育部. 义务教育教科书 语文 一年级 下册[M]. 北京：人民教育出版社，2016：64.

4. 富有童真童趣，不刻板

在朗读的教学中，部分教师易将朗读简单地理解为“读顺”“有感情”。小学生正处于天真烂漫、充满童真的年纪，此时若只一味地讲究“读顺”“有感情”，那么他们的朗读就会变得老气横秋。如：

胖乎乎的小手①

全家人都喜欢兰兰画的这张画。

爸爸刚下班回来，拿起画，看了又看，把画贴在了墙上。兰兰不明白，问：“我只是画了自己的小手哇！我有那么多画，您为什么只贴这一张呢？”

爸爸说：“这胖乎乎的小手替我拿过拖鞋呀！”

妈妈下班回来，看见画，笑着说：“这胖乎乎的小手给我洗过手绢哪！”

姥姥从厨房出来，一眼就看见了画上红润润的小手，说：“这胖乎乎的小手帮我挠过痒痒啊！”

兰兰明白了全家人为什么都喜欢这张画。她高兴地说：“等我长大了，小手变成了大手，它会帮你们做更多的事情！”

课文《胖乎乎的小手》的故事环境设置为小学生熟悉的家，“爸爸”“妈妈”“姥姥”都是小学生熟悉的家庭角色。在这一故事环境下，学生很容易产生代入感和共鸣。在朗读时除了理解内容、富于情感外，学生还可以自由发挥，加上动作，加上表情，抒发童真童趣的本能。

5. 灵活想象，赋予意境

语文教学不单单是识字读文，还需要通过学习锻炼学生的想象力。如提问：“通过作者的描写，你看到了一个怎样的画面？”“看到妈妈这么辛苦，你会怎么做？”等。因此，课文的教学绝不是单纯的知识灌输，还需要结合课文内容给足学生想象的空间，使他们在想象中为文字赋予丰富的意境。如：

草　原②

这次，我看到了草原。那里的天比别处的更可爱，空气是那么清鲜，天空是那么明朗，使我总想高歌一曲，表示我满心的愉快。在天底下，一碧千里，而并不茫茫。四面都有小丘，平地是绿的，小丘也是绿的。羊群一会儿上了小丘，一会儿又下来，走在哪里都像给无边的绿毯绣上了白色的大花。那些小丘的线条是那么柔美，就像只用绿色渲染，不用墨线勾勒的中国画那样，到处翠色欲流，轻轻流入云际。这种境界，既使人惊叹，又叫人舒服，既愿久立四望，又想坐下低

① 教育部. 义务教育教科书 语文 一年级 下册［M］. 北京：人民教育出版社，2016：37-38.
② 教育部. 义务教育教科书 语文 六年级 上册［M］. 北京：人民教育出版社，2019：2-4.

吟一首奇丽的小诗。在这境界里，连骏马和大牛都有时候静立不动，好像回味着草原的无限乐趣。

我们访问的是陈巴尔虎旗。汽车走了一百五十里，才到达目的地。一百五十里全是草原。再走一百五十里，也还是草原。草原上行车十分洒脱，只要方向不错，怎么走都可以。初入草原，听不见一点儿声音，也看不见什么东西，除了一些忽飞忽落的小鸟。走了许久，远远地望见了一条迂回的明如玻璃的带子——河！牛羊多起来，也看到了马群，隐隐有鞭子的轻响。快了，快到了。忽然，像被一阵风吹来似的，远处的小丘上出现了一群马，马上的男女老少穿着各色的衣裳，群马疾驰，襟飘带舞，像一条彩虹向我们飞过来。这是主人来到几十里外欢迎远客。见到我们，主人们立刻拨转马头，欢呼着，飞驰着，在汽车左右与前面引路。静寂的草原热闹起来：欢呼声，车声，马蹄声，响成一片。车跟着马飞过小丘，看见了几座蒙古包。

（节选）

在这篇课文中，作者老舍描绘了一幅草原的绝美画卷，描述了一群热情、奔放、好客的蒙古族人。学生在理解课文内容的基础上朗读，朗读时应想象出草原美好的景象。

（三）朗读的技巧

通过朗读优秀的作品，学生可以更具体地学到艺术语言的表达技巧，丰富自己的词汇，提高自己运用语言的能力。

朗读也是养成正确发音习惯的一个重要途径。通过朗读，还可以把普通话说得更好，提高用普通话交流思想的能力。

1. 语调

朗读时，句子有停顿，声音有轻重快慢和高低长短的变化，这些总称为语调。

（1）停顿

停顿是指朗读时的声音间歇。这一方面是出于人的生理上或句子结构上的需要，停下来换换气或使结构层次分明；另一方面是为了准确充分地表达思想感情，并让听者有时间领会朗读的内容。

一句话停顿的地方不同，往往会表达出不同的意思，朗读时若停顿错误会造成意义上的割裂。例如，“我看见 / 他笑了”和“我看见他 / 笑了”。

① 语法停顿

语法停顿是指根据句子间的语法关系确定的停顿，如句子的主谓之间、动宾之间、修饰语与中心词之间，还有分句之间、句子之间、段落之间的停顿。

◎ 主谓之间：

这颗珍珠 / 就是敦煌莫高窟。

雪 / 纷纷扬扬，下得很大。

◎ 动宾之间：

消灭 / 敌人

表达 / 作者的思想感情

◎ 修饰语与中心词之间：

慈眉善目的 / 菩萨，威风凛凛的 / 天王，强壮勇猛的 / 力士

那些冬夏常青的 / 松树和柏树上，则挂满了蓬松松、沉甸甸的 / 雪球儿。

◎ 综合运用：

育才小学校长陶行知 / 在校园看到 / 学生王友用泥块 / 砸自己班上的同学。

从前 / 在家乡七八月的夜晚 / 在庭院里纳凉的时候，我最爱看天上 / 密密麻麻的繁星。

② 强调停顿

强调停顿是为了强调某一事物，或突出某种语意和情感，在语法中本不应停顿的地方做适当的停顿，或在语法停顿的基础上改变停顿时间。

这样枝枝叶叶靠紧团结，力求上进的白杨树，宛然象征了 / 今天在华北平原纵横决荡，用血 / 写出新中国历史的那种精神 / 和意志。

遵义会议 / 纠正了 / 在第五次反“围剿”斗争中所犯的“左”倾机会主义性质的严重的原则错误，团结了 / 党和红军，使得 / 党中央和红军主力胜利地完成了长征，转到了 / 抗日的前沿阵地，执行了抗日民族统一战线的新政策。

（2）重音

对那些在朗读中需要着意强调的词或词组，在不改变原有声调的情况下，通过加大音量、拖长字音或轻读等方法予以强调。除为了突出某种特殊的表达或思想感情而确定的重音之外，表示并列、对比、呼应的词，表示比喻、夸张的词，以及特指的词都可重读。

① 重读

利用声音的强弱对比，突出重音，在重音上加强力度，加大音量，以强显重。

东东坐上了公共汽车。

② 高读

利用声音的高低对比，突出重音，将重音调值提高，以高显重。

③ 慢读

利用声音的急缓长短变化，突出重音，在重音上放慢语速，拖长声音，以慢显重。

公主明天就要永——远——离开这个地方了。

漓江的水——真静啊，漓江的水——真清啊，漓江的水——真绿啊。

④ 轻读

在重音上减弱力量，或用轻柔的虚声加以表达，以轻显重。

⑤ 停顿

在重音的前面或后面停顿，以停显重。

他用力把弟弟撞倒了，一下子 / 把弟弟甩在一边。

（3）连接

① 直连

直连即在字面上有标点符号，但内容上联系得比较紧密的地方，做连读处理。它顺势而下，连接迅速，不露连接的痕迹。

难道你又不更远一点想到，这样枝枝叶叶靠紧团结，力求上进的白杨树，宛然象征了今天在华北平原纵横决荡，用血写出新中国历史的那种精神和意志？

② 曲连

曲连是指在一句话或一段话中将每个词语连贯起来，不断地变换声调、抑扬顿挫，以形成一种优美、流畅的语音节奏。

它不但象征了北方的农民，尤其象征了今天我们民族解放斗争中所不可缺的朴质、坚强、力求上进的精神。

3. 句调

句调是指语句里声音高低升降的变化，其中结尾的升降变化最为重要，一般和句子的语气紧密结合。朗读者在朗读时，如能注意句调的升降变化，语音就有了动听的腔调，听起来便具有音乐美，也就能够更细致地表达不同的思想感情。

（1）升调

升调前低后高，语势上升，一般用来表示疑问、反问、惊异等语气。

升调多在疑问句、反诘句、短促的命令句子里使用，或者在表示愤怒、紧张、警告、号召、呼喊的句子里使用。

大象又高又大，身子像一堵墙，腿像四根柱子。官员们一边看一边议论："这么大的象，到底有多重呢？"（表疑问）

这是胜利的预言家在叫喊：让暴风雨来得更猛烈些吧！（表呼喊）

（2）降调

降调前高后低，语势渐降。降调一般用在感叹句、祈使句，或表示坚决、自信、赞美、祝福等感情的句子里。表达沉痛、悲愤的感情，一般也用这种语调。朗读时，注意语调逐渐由高到低，末字低而短。

在山的那边，是海！是用信念凝成的海。（表感叹）

魏校长听了，连声赞叹："好哇！为中华之崛起，有志者当效此生！"（表肯定）

（3）平调

平调一般多用在叙述、说明或表示迟疑、思索、追忆、悼念等行为的句子里，表达庄严、悲痛、冷淡等感情。朗读时语调始终平直舒缓，没有显著的高低变化。

敦煌莫高窟是祖国西北的一颗明珠。她坐落在甘肃省三危山和鸣沙山的怀抱中，四周布满沙丘，492 个洞窟像蜂窝似的排列在断崖绝壁上。（表叙述）

我到现在终于没有见——大约孔乙己的确死了。（表追忆、冷淡）

（4）曲调

这种句调常用来表示特殊的感情，如"讽刺、讥笑、夸张、强调、双关、特别惊异"等。朗读时句调弯曲，或先升后降，或先降后升，把句子中某些特殊的音节特别加重、加高或拖长，形成一种升降曲折的变化。

狐狸眼珠骨碌碌一转，说："噢，你们是怕分得不公平吧，让大婶来帮你们分。"（表讽刺）

孔乙己自己知道不能和他们谈天，便只好向孩子说话。有一回对我说道："你读过书么？"我略略点一点头。他说："读过书，……我便考你一考。茴香豆的茴字，怎样写的？"我想，讨饭一样的人，也配考我么？便回过脸去，不再理会。（表鄙视）

4. 语言形式的神与形

除了前文中提到的发声、呼吸等技巧外，朗读时应注意声、气、情相结合。做到：

◎ 爱：气徐声柔；

◎ 悲：气沉声缓；

◎ 喜：气满声高；

◎ 惧：气提声凝；

◎ 急：气短声促；

◎ 冷：气少声淡；

◎ 怒：气粗声重；

◎ 疑：气细声黏。

（四）朗读训练

下面将围绕小学语文各年级教材中的四种主要文体，即散文、故事、小说、诗歌展开朗读训练。通过学习，可知不同文体在朗读时应强调的重点，并进行有针对性的练习。

1. 散文的朗读

散文是一种抒发作者真情实感、写作方式灵活的记叙类文学体裁，也是小学一至六年级语文课文最重要的文体之一。散文具有形散神聚、意境深邃、语言优美等特点。因此，在朗读前要先厘清文章脉络和结构，了解作者的创作背景，通过文字产生想象，从而感同身受地体会作者的情感。朗读时应代入整篇散文所抒发的作者感情。

慈母情深[①]

我一直想买一本长篇小说——《青年近卫军》。书价一元多钱。

母亲还从来没有一次给过我这么多钱。我也从来没有向母亲一次要过这么多钱。

但我想有一本《青年近卫军》，想得整天失魂落魄。

我从同学家的收音机里听到过几次《青年近卫军》的连续广播。那时我家的破收音机已经卖了，被我和弟弟妹妹们吃进了肚子里。

在自己对自己的怂恿之下，我来到母亲上班的地方，向母亲要钱。母亲那一年被铁路工厂辞退了，为了每月二十七元的收入，又在一个加工棉胶鞋帮的街道小厂上班。

那是我第一次到母亲为我们挣钱的那个地方。

空间非常低矮，低矮得使人感到压抑。不足二百平米的厂房，四壁潮湿颓败。七八十台破缝纫机一行行排列着，七八十个都不算年轻的女人忙碌在自己的缝纫机旁。因为光线阴暗，每个女人的头上方都吊着一只灯泡。正是酷暑炎夏，窗不能开，七八十个女人的身体和七八十只灯泡所散发的热量，使我感到犹如身在蒸笼。

我呆呆地将那些女人扫视一遍，却发觉不了我的母亲。

七八十台破缝纫机发出的噪声震耳欲聋。

“你找谁？”一个老头对我大声嚷。

---

① 教育部．义务教育教科书　语文　五年级　上册［M］．北京：人民教育出版社，2019：76-79.

“找我妈！”

“你妈是谁？”

我大声说出了母亲的名字。

“那儿！”

老头朝最里边的一个角落一指。

我穿过一排排缝纫机，走到那个角落，看见一个极其瘦弱的脊背弯曲着，头凑到缝纫机板上。周围几只灯泡烤着我的脸。

“妈——”

“妈——”

背直起来了，我的母亲。转过身来了，我的母亲。褐色的口罩上方，一双眼神疲惫的眼睛吃惊地望着我，我的母亲的眼睛……

母亲大声问：“你来干什么？”

“我……”

“有事快说，别耽误妈干活！”

“我……要钱……”

我本已不想说出“要钱”两字，可是竟说出来了！

“要钱干什么？”

“买书……”

“多少钱？”

“一元五角就行……”

母亲掏衣兜，掏出一卷揉得皱皱的毛票，用皲裂的手指数着。

旁边一个女人停止踏缝纫机，向母亲探过身，喊：“大姐，别给！没你这么当妈的！供他们吃，供他们穿，供他们上学，还供他们看闲书哇！”接着又对着我喊：“你看你妈这是在怎么挣钱？你忍心朝你妈要钱买书哇？”

母亲却已将钱塞在我手心里了，大声回答那个女人：“谁叫我们是当妈的呀！我挺高兴他爱看书的！”

母亲说完，立刻又坐了下去，立刻又弯曲了背，立刻又将头俯在缝纫机板上了，立刻又陷入手脚并用的机械忙碌状态……

那一天我第一次发现，母亲原来是那么瘦小！那一天我第一次觉得自己长大了，应该是一个大人了。

我鼻子一酸，攥着钱跑了出去……

那天，我用那一元五角钱给母亲买了一听水果罐头。

“你这孩子，谁叫你给我买水果罐头的！不是你说买书，妈才舍不得给你这么多钱呢！”

那一天母亲数落了我一顿。数落完，又给我凑足了买《青年近卫军》的钱。我想我没有权利用那钱再买任何别的东西，无论为我自己还是为母亲。

就这样，我有了第一本长篇小说……

文章讲述的是在家庭条件极端贫困的情况下，母亲仍然毫不犹豫地掏钱给“我”买书的故事。第一次到母亲工作的地方，“我”才发现原来母亲工作的环境如此糟糕，母亲的工作如此辛苦以至于“我”差点儿认不出母亲来。但母亲全然不顾其他工友们“苦口婆心的劝说”，毫不犹豫地掏钱给“我”，可见母亲爱“我”极深。最后讲述了“我”用要来的钱给母亲买了水果罐头，但母亲希望“我”把钱用在买书上，对“我”一顿“数落”后，又给了“我”钱，让“我”去买自己喜欢的书。

从脉络和结构上看，文章可以分为三大部分：“要钱的原因”“要钱的过程”“事情的结果”。文中对“要钱的过程”这一部分的描写无疑是最让人感到鼻头一酸的。从“一个极其瘦弱的脊背弯曲着，头凑到缝纫机板上”，可以看出母亲的瘦弱；从“掏出一卷揉得皱皱的毛票，用皲裂的手指数着”，可以看出母亲经济上的困窘和身体上的辛苦；从“母亲说完，立刻又坐了下去，立刻又弯曲了背，立刻又将头俯在缝纫机板上了，立刻又陷入手脚并用的机械忙碌状态……”可以看出母亲的辛劳；而从“谁叫我们是当妈的呀！我挺高兴他爱看书的！”能够体会到母亲对“我”的疼爱与支持。

从上述细节中，不难感受到母亲的不易和对孩子关爱。围绕心疼母亲、“鼻子一酸”等关键词，教师可启发学生想一想自己有没有面对母亲感到“鼻子一酸”的经历，引发学生的共鸣。如此再朗读起来，学生自然就能代入其中，进行自然、有感情的朗读了。

2. 故事的朗读

小学语文教材中的故事包括童话故事、寓言故事、名人故事、英雄故事、民间故事、领袖故事、历史故事、神话故事等。

（1）童话故事

童话故事是儿童文学的一种体裁，通过夸张的想象和夸张的表达反映生活，培养孩子真、善、美、勤劳等优良的品质。童话故事类课文主要集中在一至三年级语文教材中。在童话故事的朗读中，最重要的是通过理解不同的角色特点，赋予其相应的朗读情感。在此部分中，应有效地发挥学生的童真和童趣。如：

猴子捞月亮[①]

有只小猴子在井边玩。他往井里一看，里面有个月亮。小猴子叫起来："糟啦，糟啦！月亮掉在井里啦！"

大猴子听见了，跑过来一看，跟着叫起来："糟啦，糟啦！月亮掉在井里啦！"

老猴子听见了，跑过来一看，也跟着叫起来："糟啦，糟啦！月亮掉在井里啦！"

附近的猴子听见了，都跑过来看。大家跟着叫起来："糟啦，糟啦！月亮掉在井里啦！咱们快把它捞上来！"

猴子们爬上了井旁边的大树。老猴子倒挂在树上，拉住大猴子的脚。大猴子也倒挂着，拉住另一只猴子的脚。猴子们就这样一只接一只，一直挂到井里头，小猴子挂在最下边。

小猴子伸手去捞月亮。手刚碰到水，月亮就不见了。

老猴子一抬头，看见月亮还在天上。他喘着气，说："不用捞了，不用捞了！月亮好好地挂在天上呢！"

在《猴子捞月亮》的故事中出现了几个角色：老猴子、大猴子、小猴子和其他猴子。它们看上去齐心协力，但遇事后行为盲目、缺乏思考，最终做了无用功。在朗读时，前半段应该突出猴子们惊慌失措、盲目行动的焦急感，最后应表现出老猴子发现事情真相后的无奈和愧疚。

（2）寓言故事、历史故事、民间故事、神话故事

寓言故事、历史故事、民间故事、神话故事都是通过讲述一个故事来阐释意味深长的道理，主要集中于小学语文一至四年级教材中。

乌鸦喝水[②]

一只乌鸦口渴了，到处找水喝。乌鸦看见一个瓶子，瓶子里有水。但是，瓶子里水不多，瓶口又小，乌鸦喝不着水。怎么办呢？

乌鸦看见旁边有许多小石子，想出办法来了。

乌鸦把小石子一颗一颗地放进瓶子里。瓶子里的水渐渐升高，乌鸦就喝着水了。

《乌鸦喝水》讲述的是一只乌鸦遇到困难开动脑筋、排除万难，最终喝到水的故事。故事告诉我们，遇到困难的时候，应该利用一切能够帮助自己的事物，开动脑筋，不达目的不罢休，最终一定能跨越困难。故事很短，但意味深长，很

① 教育部．义务教育教科书　语文　一年级　上册［M］．北京：人民教育出版社，2016：102–103.

② 教育部．义务教育教科书　语文　一年级　上册［M］．北京：人民教育出版社，2016：106–107.

适合小学一年级的学生学习。在朗读时，前两段要读出乌鸦喝不到水时的苦恼和焦急，后两段则应读出乌鸦的聪明和喝到水的开心。

（3）名人故事、英雄故事、领袖故事

以人为故事角色的名人故事、英雄故事、领袖故事也是小学语文教材课文的重要组成部分，通过描写主人公的故事，表现出主人公身上的美好品质。这类故事主要集中于小学四至六年级教材中。

为中华之崛起而读书①

新学年开始了，修身课上，奉天东关模范学校的魏校长向学生们提出了一个严肃的问题："你们为什么而读书？"

"为家父而读书。"

"为明理而读书。"

"为光耀门楣而读书。"有人干脆这样回答。

有位同学一直默默地坐在那里，若有所思。魏校长注意到了，他打手势让大家安静下来，点名让那位同学回答。那位同学站了起来，清晰而坚定地回答道：

"为中华之崛起而读书！"

魏校长听了为之一振！他怎么也没想到，一个十二三岁的孩子，竟然有如此的抱负和胸怀！他睁大眼睛又追问了一句："你再说一遍，为什么而读书？"

"为中华之崛起而读书！"

魏校长听了，连声赞叹："好哇！为中华之崛起，有志者当效此生！"

这位同学是谁呢？他就是周恩来，后来成为了中华人民共和国的第一任总理。

周恩来出生于1898年。十二岁那年，他离开家乡江苏淮安，随回家探亲的伯父来到了东北。在奉天上学的时候，伯父告诉他，奉天有些地方被外国人占据了，不要随便去玩，有事也要绕着走，免得惹出麻烦没有地方说理。

少年周恩来疑惑不解，问道："被外国人占据？为什么呢？"

"中华不振哪！"伯父叹了口气，没有再说什么。

十二岁的周恩来当然不能完全明白伯父的话，但是"中华不振"四个字和伯父沉郁的表情却让他难以忘怀。

一个星期天，周恩来背着伯父，约了一个同学来到了被外国人占据的地方。这一带果真和别处大不相同：街道上热闹非凡，往来的大多是外国人。

周恩来和同学一路上左顾右盼，忽然发现巡警局门前围着一群人。他们凑了过去，只见人群中有个女人正在哭诉着什么。一问才知道，这个女人的亲人被外

② 教育部．义务教育教科书 语文 四年级 上册[M]．北京：人民教育出版社，2019：96-98.

国人的汽车轧死了，她原本指望巡警局给她撑腰，惩处这个外国人，谁知中国巡警不但不惩处肇事的外国人，反而训斥她。围观的中国人都紧握着拳头，但这是在被外国人占据的地盘里，谁又敢怎么样呢？大家只能劝慰这个不幸的女人。

此时的周恩来才真正体会到"中华不振"这四个字的沉重分量。怎么把祖国和人民从苦难和屈辱中拯救出来呢？这个问题像一团烈火一直燃烧在周恩来心中。所以，当修身课上魏校长提出为什么而读书这个问题时，就有了"为中华之崛起而读书"的响亮回答。

故事讲述了周恩来总理亲眼见到在被外国人占据的地方"中华不振"引发的国人受欺现象，有感而发地说出："为中华之崛起而读书。""伯父告诉他，奉天有些地方被外国人占据了，不要随便去玩，有事也要绕着走，免得惹出麻烦没有地方说理"中的"绕着走"与"这一带果真和别处大不相同：街道上热闹非凡，往来的大多是外国人"的强烈对比，"她原本指望巡警局给她撑腰，惩处这个外国人，谁知中国巡警不但不惩处肇事的外国人，反而训斥她"中的"原本""谁知""反而"，"围观的中国人都紧握着拳头，但这是在被外国人占据的地盘里，谁又敢怎么样呢？"等细节无一不诉说着当时国人的低下地位、不公遭遇，在朗读时可以针对这些细节做重读强调处理。爱国的周总理结合自身经历发出"为中华之崛起而读书"的呐喊，以及魏校长的反应都应为发自肺腑、坚定激昂的。学生应通过"受欺"与"呐喊"的情感对比，发自内心地进行朗读。

3. 小说的朗读

小说，是一种以刻画人物形象为中心、通过完整的故事情节和环境描写来反映社会生活的文学体裁。人物、情节、环境是小说的三要素，情节一般包括开端、发展、高潮、结局四部分。小说亦是小学高年级语文课文的重要文体之一，大家耳熟能详的《童年》《少年闰土》《穷人》等小说均收录于小学语文教材中。

少年闰土①

深蓝的天空中挂着一轮金黄的圆月，下面是海边的沙地，都种着一望无际的碧绿的西瓜，其间有一个十一二岁的少年，项带②银圈，手捏一柄钢叉，向一匹猹尽力的刺去，那猹却将身一扭，反从他的胯下逃走了。

这少年便是闰土。我认识他时，也不过十多岁，离现在将有三十年了；那时

---

① 教育部．义务教育教科书 语文 六年级 上册［M］．北京：人民教育出版社，2019：110-113.

② ［带］现在写作"戴"，除了"带"，还有其他用字，遵照原文，未加改动。

我的父亲还在世，家景也好，我正是一个少爷。那一年，我家是一件大祭祀的值年。这祭祀，说是三十多年才能轮到一回，所以很郑重。正月里供像，供品很多，祭器很讲究，拜的人也很多，祭器也很要防偷去。我家只有一个忙月（我们这里给人做工的分三种：整年给一定人家做工的叫长年；按日给人做工的叫短工；自己也种地，只在过年过节以及收租时候来给一定的人家做工的称忙月），忙不过来，他便对父亲说，可以叫他的儿子闰土来管祭器的。

我的父亲允许了；我也很高兴，因为我早听到闰土这名字，而且知道他和我仿佛年纪，闰月生的，五行缺土，所以他的父亲叫他闰土。他是能装弶捉小鸟雀的。

我于是日日盼望新年，新年到，闰土也就到了。好容易到了年末，有一日，母亲告诉我，闰土来了，我便飞跑的去看。他正在厨房里，紫色的圆脸，头戴一顶小毡帽，颈上套一个明晃晃的银项圈，这可见他的父亲十分爱他，怕他死去，所以在神佛面前许下愿心，用圈子将他套住了。他见人很怕羞，只是不怕我，没有旁人的时候，便和我说话，于是不到半日，我们便熟识了。

我们那时候不知道谈些什么，只记得闰土很高兴，说是上城之后，见了许多没有见过的东西。

第二日，我便要他捕鸟。他说：

“这不能。须大雪下了才好。我们沙地上，下了雪，我扫出一块空地来，用短棒支起一个大竹匾，撒下秕谷，看鸟雀来吃时，我远远地将缚在棒上的绳子只一拉，那鸟雀就罩在竹匾下了。什么都有：稻鸡，角鸡，鹁鸪，蓝背……”

我于是又很盼望下雪。

闰土又对我说：

“现在太冷，你夏天到我们这里来。我们日里到海边检[1]贝壳去，红的绿的都有，鬼见怕也有，观音手也有。晚上我和爹管西瓜去，你也去。”

“管贼吗？”

“不是。走路的人口渴了摘一个瓜吃，我们这里是不算偷的。要管的是獾猪，刺猬，猹。月亮地下，你听，啦啦的响了，猹在咬瓜了。你便捏了胡叉，轻轻地走去……”

我那时并不知道这所谓猹的是怎么一件东西——便是现在也没有知道——只是无端的觉得状如小狗而很凶猛。

“他不咬人么？”

“有胡叉呢。走到了，看见猹了，你便刺。这畜生很伶俐，倒向你奔来，反从胯下窜了。他的皮毛是油一般的滑……”

我素不知道天下有这许多新鲜事：海边有如许五色的贝壳；西瓜有这样危险

① ［检］现在写作“捡”。

的经历，我先前单知道它在水果店里出卖罢了。

“我们沙地里，潮流要来的时候，就有许多跳鱼儿只是跳，都有青蛙似的两个脚……”

啊！闰土的心里有无穷无尽的希奇①的事，都是我往常的朋友所不知道的。他们不知道一些事，闰土在海边时，他们都和我一样只看见院子里高墙上的四角的天空。

可惜正月过去了，闰土须回家里去，我急得大哭，他也躲到厨房里，哭着不肯出门，但终于被他父亲带走了。他后来还托他的父亲带给我一包贝壳和几支很好看的鸟毛，我也曾送他一两次东西，但从此没有再见面。

小说文体的课文篇幅较长，课文主要分为四大部分，即：记忆中闰土看瓜刺猹的场景、“我”与闰土的相识、“我”与闰土的相处过程、“我”与闰土的分别和分别后的友谊。通过这四个部分，作者刻画了一个机智勇敢、聪明能干、知识丰富的农村少年形象，体现出了作者与闰土真挚的友谊及其对闰土的怀念之情。在朗读时，第一段回忆部分应体现出“我”记忆中闰土的美好形象，相识部分可利用重音、停连等技巧突出对于闰土形象的刻画，相处过程这一部分可集中突出少年闰土的知识丰富和意气风发，分别部分则通过轻重音的交替，读出“我”心中的失落与不舍。

4. 诗歌的朗读

诗歌，是用高度凝练的语言，生动形象地表达作者丰富的情感，集中反映社会生活并具有一定节奏和韵律的文学体裁。在小学语文教材中，诗歌也占了一定的比例，并且主要集中于小学低学段教材。在朗读中，应引导学生尽量感受诗歌的三美，即音乐美、绘画美、建筑美。音乐美指的是音节韵脚和谐，读起来朗朗上口；绘画美指的是语言美丽，意境富有直观形象感；建筑美指的是字节规整、整齐。

雪地里的小画家②

下雪啦，下雪啦！
雪地里来了一群小画家。
小鸡画竹叶，小狗画梅花，
小鸭画枫叶，小马画月牙。

① ［希奇］现在写作“稀奇”。
② 教育部．义务教育教科书 语文 一年级 上册［M］．北京：人民教育出版社，2016：104.

不用颜料不用笔，
几步就成一幅画。
青蛙为什么没参加？
他在洞里睡着啦。

首先，朗读时应直观感受到这首诗的韵律和节奏，全诗以 a 为韵，读起来朗朗上口。其次，全诗形象生动，把小鸡、小狗、小鸭、小马比作“画家”，画出“竹叶”“梅花”“枫叶”“月牙”等图案，学生应一边读一边想象对应的画面，简单好记，是为绘画美。最后，全诗主题符合一年级学生的认知水平，描述充满童趣，朗读时可适当激发学生的表现欲望，辅以手势和动作，保有童真。

第四节　小学语文各文体课文精选

一、散文

（一）《秋天的雨》（陶金鸿）

秋天的雨，是一把钥匙。它带着清凉和温柔，轻轻地，轻轻地，趁你没留意，把秋天的大门打开了。

秋天的雨，有一盒五彩缤纷的颜料。你看，它把黄色给了银杏树，黄黄的叶子像一把把小扇子，扇哪扇哪，扇走了夏天的炎热。它把红色给了枫树，红红的枫叶像一枚枚邮票，飘哇飘哇，邮来了秋天的凉爽。金黄色是给田野的，看，田野像金色的海洋。橙红色是给果树的，橘子、柿子你挤我碰，争着要人们去摘呢！菊花仙子得到的颜色就更多了，紫红的、淡黄的、雪白的……美丽的菊花在秋雨里频频点头。

秋天的雨，藏着非常好闻的气味。梨香香的，菠萝甜甜的，还有苹果、橘子，好多好多香甜的气味，都躲在小雨滴里呢！小朋友的脚，常被那香味勾住。

秋天的雨，吹起了金色的小喇叭。它告诉大家，冬天快要来了。小松鼠找来松果当粮食，小青蛙在加紧挖洞，准备舒舒服服地睡大觉。松柏穿上厚厚的、油亮亮的衣裳，杨树、柳树的叶子飘到树妈妈的脚下。它们都在准备过冬了。

秋天的雨，带给大地的是一曲丰收的歌，带给小朋友的是一首欢乐的歌。

——部编版三年级上

（二）《走月亮》（吴然）

秋天的夜晚，月亮升起来了，从洱海那边升起来了。

是在洱海里淘洗过吗？月盘是那样明亮，月光是那样柔和，照亮了高高的点苍山，照亮了村头的大青树，也照亮了，照亮了村间的大道和小路……

这时候，阿妈喜欢牵着我，在洒满月光的小路上走着，走着……啊，我和阿妈走月亮！

细细的溪水，流着山草和野花的香味，流着月光。灰白色的鹅卵石布满河床，哟，卵石间有多少可爱的小水塘啊，每个小水塘都抱着一个月亮！哦，阿妈，白天你在溪里洗衣裳，而我，用树叶做小船，运载许多新鲜的花瓣……哦，阿妈，我们到溪边去吧，去看看小水塘，看看水塘里的月亮，看看我采过野花的地方。

啊，我和阿妈走月亮……

村道已经修补过，坑坑洼洼的地方已经填上碎石和新土。就要收庄稼了，收庄稼前，要把道路修一修，补一补，这是村里的风俗。秋虫唱着，夜鸟拍打着翅膀，鱼儿跃出水面，泼剌声里银光一闪……从果园那边飘来果子的甜香，是雪梨，是火把梨，还是紫葡萄？都有。在坡头那片月光下的果园里，这些好吃的果子挂满枝头。沟水汩汩，很满意地响着。是啊，它旁边，是它浇灌过的稻田。哦，阿妈，这不就是我们家的地吗？春天，我们种的油菜开花了，我在田地里找兔草，我把蒲公英吹得飞啊飞……收了油菜，栽上水稻。看，稻谷就要成熟了，稻穗低垂着头，稻田像一块月光镀亮的银毯。哦，阿妈，我们到田埂上去吧，你不是说学校放假了，阿爸就要回来了吗？我们采哪一塘新谷招待阿爸呢？

啊，我和阿妈走月亮……

有时，阿妈给我讲月亮的故事，一个古老的传说；有时，却什么也不讲，只是静静地走着，走着。走过月光闪闪的溪岸，走过石拱桥，走过月影团团的果园，走过庄稼地和菜地……啊，在我仰起脸看阿妈的时候，我突然看见，美丽的月亮牵着那些闪闪烁烁的小星星，好像也在天上走着，走着……

多么奇妙的夜晚啊，我和阿妈走月亮！

——部编版四年级上

（三）《珍珠鸟》（冯骥才）

真好！朋友送我一对珍珠鸟。放在一个简易的竹条编成的笼子里，笼内还有一卷干草，那是小鸟儿舒适又温暖的巢。

有人说，这是一种怕人的鸟。

我把鸟笼挂在窗前。那儿还有一大盆异常茂盛的法国吊兰。我便用吊兰长长的、串生着小绿叶的垂蔓蒙盖在鸟笼上。它们就像躲进深幽的丛林一样安全，从中传出的笛儿般又细又亮的叫声，也就格外轻松自在了。小鸟的影子就在这中间隐约闪动，看不完整，有时连笼子也看不出，却见它们可爱的鲜红小嘴从绿叶中伸出来。

我很少扒开垂蔓瞧它们，它们便渐渐敢伸出小脑袋瞅瞅我。我们就这样一点点熟悉了。三个月后，那一团越发繁茂的绿蔓里边，发出一种尖细又娇嫩的鸣叫。我猜到，是它们有了雏儿。我呢，决不掀开叶片往里看，连添食加水时也不睁大好奇的眼睛去惊动它们。过不多久，忽然有一个更小的脑袋从叶间探出来。哟，雏儿！正是这小家伙！

它小，就能轻易地由疏格的笼子钻出来。瞧，多么像它的父母：红嘴红脚，灰蓝色的毛，只是后背还没生出珍珠似的圆圆的白点。它好肥，整个身子好像一个蓬松的球儿。

起先，这小家伙只在笼子四周活动，随后就在屋里飞来飞去，一会儿落在柜顶上，一会儿神气十足地站在书架上，啄着书脊上那些大文豪的名字，一会儿把灯绳撞得来回摇动，跟着逃到画框上去了。只要大鸟儿在笼里生气地叫一声，它就立即飞回笼里去。

我不管它。这样久了，打开窗子，它最多只在窗框上站一会儿，决不飞出去。

渐渐它胆子大了，就落在我的书桌上。它先是离我较远，见我不去伤害它，便一点点挨近，然后蹦到我的杯子上，俯下头来喝茶，再偏过脸瞧瞧我的反应。我只是微微一笑，依旧写东西。它就放开胆子跑到稿纸上，绕着我的笔尖蹦来蹦去，跳动的小红爪子在纸上发出嚓嚓的响声。

我不动声色地写，默默享受着这小家伙亲近的情意。这样，它完全放心了，索性用那涂了蜡似的小红嘴，嗒嗒地啄着我颤动的笔尖。我用手抚一抚它细腻的绒毛，它也不怕，反而友好地啄两下我的手指。

白天，它这样淘气地陪伴我；天色入暮，它就在父母再三的呼唤声中，飞向笼子，扭动滚圆的身子，挤开那些绿叶钻进去。

有一天，我伏案写作时，它居然落到我的肩上。我手中的笔不觉停了，生怕惊跑它。待一会儿，扭头看，这小家伙竟趴在我的肩头睡着了，银灰色的眼睑盖住眸子，小红爪子刚好被胸脯上长长的绒毛盖住。我轻轻抬一抬肩，它没醒，睡得好熟！还咂咂嘴，难道在做梦？

我笔尖一动，流泻下一时的感受：

信赖，往往创造出美好的境界。

——部编版五年级上

（四）《丁香结》（宗璞）

今年的丁香花似乎开得格外茂盛，城里城外，都是一样。城里街旁，尘土纷嚣之间，忽然呈出两片雪白，顿使人眼前一亮，再仔细看，才知是两行丁香花。有的宅院里探出半树银妆，星星般的小花缀满枝头，从墙上窥着行人，惹得人走过了还要回头望。

城外校园里丁香更多。最好的是图书馆北面的丁香三角地，种有十数棵的白丁香和紫丁香。月光下白的潇洒，紫的朦胧。还有淡淡的幽雅的甜香，非桂非兰，在夜色中也能让人分辨出，这是丁香。

在我断断续续住了近三十年的斗室外，有三棵白丁香。每到春来，伏案时抬头便看见檐前积雪。雪色映进窗来，香气直透毫端。人也似乎轻灵得多，不那么浑浊笨拙了。从外面回来时，最先映入眼帘的，也是那一片莹白，白下面透出参差的绿，然后才见那两扇红窗。我经历过的春光，几乎都是和这几树丁香联系在一起的。那十字小白花，那样小，却不显得单薄。许多小花形成一簇，许多簇花开满一树，遮掩着我的窗，照耀着我的文思和梦想。

古人诗云："芭蕉不展丁香结""丁香空结雨中愁"。在细雨迷蒙中，着了水滴的丁香格外妩媚。花墙边两株紫色的，如同印象派的画，线条模糊了，直向窗前的莹白渗过来。让人觉得，丁香确实该和微雨连在一起。

只是赏过这么多年的丁香，却一直不解，何以古人发明了丁香结的说法。今年一次春雨，久立窗前，望着斜伸过来的丁香枝条上一柄花蕾。小小的花苞圆圆的，鼓鼓的，恰如衣襟上的盘花扣。我才恍然，果然是丁香结。

丁香结，这三个字给人许多想象。再联想到那些诗句，真觉得它们负担着解不开的愁怨了。每个人一辈子都有许多不顺心的事，一件完了一件又来。所以丁香结年年都有。结，是解不完的；人生中的问题也是解不完的，不然，岂不太平淡无味了吗？

——部编版六年级上

二、故事

（一）寓言故事《坐井观天》（庄子）

青蛙坐在井里。小鸟飞来，落在井沿上。

青蛙问小鸟："你从哪儿来呀？"

小鸟回答说："我从天上来，飞了一百多里，口渴了，下来找点儿水喝。"

青蛙说："朋友，别说大话了！天不过井口那么大，还用飞那么远吗？"

小鸟说："你弄错了。天无边无际，大得很哪！"

青蛙笑了，说："朋友，我天天坐在井里，一抬头就能看见天。我不会弄错的。"

小鸟也笑了，说："朋友，是你弄错了。不信，你跳出井来看一看吧。"

——部编版二年级上

（二）名人故事《曹冲称象》（陈寿）

古时候有个叫曹操的人。别人送他一头大象，他很高兴，带着儿子曹冲和官员们一同去看。

大象又高又大，身子像一堵墙，腿像四根柱子。官员们一边看一边议论："这么大的象，到底有多重呢？"

曹操问："谁有办法把这头大象称一称？"有的说："得造一杆大秤，砍一棵大树做秤杆。”有的说：“有了大秤也不行啊，谁有那么大的力气提得起这杆大秤呢？”曹操听了直摇头。

曹冲才七岁，他站出来，说：“我有个办法。把大象赶到一艘大船上，看船身下沉多少，就沿着水面，在船舷上画一条线。再把大象赶上岸，往船上装石头，装到船下沉到画线的地方为止。然后称一称船上的石头。石头有多重，大象就有多重。”

曹操微笑着点一点头。他叫人照曹冲说的办法去做，果然称出了大象的重量。

——部编版二年级上

（三）领袖故事《不懂就要问》

孙中山小时候在私塾读书。那时候上课，先生念，学生跟着念，咿咿呀呀，像唱歌一样。学生读熟了，先生就让他们一个一个地背诵。至于书里的意思，先生从来不讲。

一天，孙中山来到学校，照例把书放到先生面前，流利地背出前一天所学的功课。先生听了，连连点头。接着，先生在孙中山的书上又圈了一段，他念一句，叫孙中山念一句。孙中山会读了，就回到座位上练习背诵。孙中山读了几遍，就背下来了。可是，书里说的是什么意思，他一点儿也不懂。孙中山想：这样糊里糊涂地背，有什么用呢？于是，他壮着胆子站起来，问：“先生，您刚才让我背的这段书是什么意思？请您给我讲讲吧！”

这一问，把正在摇头晃脑高声念书的同学们吓呆了，课堂里霎时变得鸦雀无声。

先生拿着戒尺，走到孙中山跟前，厉声问道：“你会背了吗？”

“会背了。”孙中山说着，就把那段书一字不漏地背了出来。

先生收起戒尺，摆摆手让孙中山坐下，说：“我原想，书中的道理，你们长大了自然会知道的。现在你们既然想听，我就讲讲吧！”

先生讲得很详细，大家听得很认真。

后来，有个同学问孙中山：“你向先生提出问题，不怕挨打吗？”

孙中山笑了笑，说：“学问学问，不懂就要问。为了弄清楚道理，就是挨打也值得。”

——部编版三年级上

（四）神话故事《盘古开天地》

很久很久以前，天和地还没有分开，宇宙混沌一片，像个大鸡蛋。有个叫盘古的巨人，在混沌之中睡了一万八千年。

有一天，盘古醒来了，睁眼一看，周围黑乎乎一片，什么也看不见。他一使劲翻身坐了起来，只听咔嚓一声，“大鸡蛋”裂开了一条缝，一丝微光透了进来。巨人见身边有一把斧头，就拿起斧头，对着眼前的黑暗劈过去，只听见一声巨响，“大鸡蛋”碎了。轻而清的东西，缓缓上升，变成了天；重而浊的东西，慢慢下降，变成了地。

天和地分开后，盘古怕它们还会合在一起，就头顶天，脚踏地，站在天地当中，随着它们的变化而变化。天每天升高一丈，地每天加厚一丈，盘古的身体也跟着长高。

这样过了一万八千年，天升得高极了，地变得厚极了。盘古这个巍峨的巨人就像一根柱子，撑在天和地之间，不让它们重新合拢。又不知过了多少年，天和地终于成形了，盘古也精疲力竭，累得倒下了。

盘古倒下以后，他的身体发生了巨大的变化。他呼出的气息变成了四季的风和飘动的云；他发出的声音化作了隆隆的雷声；他的左眼变成了太阳，照耀大地，他的右眼变成了月亮，给夜晚带来光明；他的四肢和躯干变成了大地的四极和五方的名山；他的血液变成了奔流不息的江河；他的汗毛变成了茂盛的花草树木；他的汗水变成了滋润万物的雨露……

伟大的巨人盘古，用他的整个身体创造了美丽的世界。

——部编版四年级上

三、诗歌

（一）《明天要远足》（方素珍）

翻过来，
唉——
睡不着。
那地方的海，
真的像老师说的，
那么多种颜色吗？
翻过去，
唉——
睡不着。
那地方的云，
真的像同学说的，

那么洁白柔软吗？
翻过来，
翻过去，
唉——
到底什么时候，
才天亮呢？

——部编版一年级上

（二）《植物妈妈有办法》（戴巴棣）

孩子如果已经长大，
就得告别妈妈，四海为家。
牛马有脚，鸟有翅膀，
植物旅行又用什么办法？

蒲公英妈妈准备了降落伞，
把它送给自己的娃娃。
只要有风轻轻吹过，
孩子们就乘着风纷纷出发。

苍耳妈妈有个好办法，
她给孩子穿上带刺的铠甲。
只要挂住动物的皮毛，
孩子们就能去田野、山洼。

石榴妈妈的胆子挺大，
她不怕小鸟吃掉娃娃。
孩子们在鸟肚子里睡上一觉，
就会钻出来落户安家。

豌豆妈妈更有办法，
她让豆荚晒在太阳底下。
啪的一声，豆荚炸开，
孩子们就蹦着跳着离开妈妈。

植物妈妈的办法很多很多，
不信你就仔细观察。
那里有许许多多的知识，
粗心的小朋友却得不到它。

——部编版二年级上

（三）《听听，秋的声音》（毕国瑛）

听听，
秋的声音，
大树抖抖手臂，
“唰唰”，
是和黄叶道别的话音。

听听，
秋的声音，
蟋蟀振动翅膀，
“曜曜”，
是和阳台告别的歌韵。

一排排大雁追上白云，
撒下一阵暖暖的叮咛；
一阵阵秋风掠过田野，
送来一片丰收的歌吟。

听听，
走进秋，
走进这辽阔透明的音乐厅，
你好好地去听
——秋的声音。

秋的声音，
在每一片叶子里，
在每一朵小花上，
在每一滴汗水里，

在每一颗饱满的谷粒里。

听听，
秋的声音，
从远方匆匆地来，
向远方匆匆地去。
听听，
我们去听秋的声音。

——部编版三年级上

（四）《花牛歌》（徐志摩）

花牛在草地里坐，
压扁了一穗剪秋罗。
花牛在草地里眠，
白云霸占了半个天。
花牛在草地里走，
小尾巴甩得滴溜溜。
花牛在草地里做梦，
太阳偷渡了西山的青峰。

——部编版四年级上

思维导图

- 普通话训练
  - 发声技能
    - 发声系统
      - 物理系统：声音的四要素
      - 心理系统：交际的需要
      - 生理系统：发音器官四大系统
    - 呼吸训练
      - 胸腹式联合呼吸
    - 吐字归音训练
      - 出字：不吃字
      - 立字：不倒字
      - 归音：不丢音
      - 口部操
        - 唇操
        - 舌操
      - 声调训练
        - 调值与“五度标记法”
        - 调类：阴阳上去
    - 共鸣训练
      - 认识共鸣腔：鼻腔、胸腔、咽腔、口腔
      - 鼻腔、口腔共鸣训练
  - 语流音变
    - 变调
      - 上声变调
      - “一、不”的变调
      - “七、八”的变调
    - 轻声
    - 儿化
    - “啊”的音变
  - 朗读技巧
    - 朗读的作用
    - 朗读的要求
    - 朗读的技巧
      - 语调
        - 停顿
        - 重音
        - 连接
      - 句调
        - 升调
        - 降调
        - 平调
        - 曲调
    - 朗读训练
      - 散文的朗读
      - 故事的朗读
      - 小说的朗读
      - 诗歌的朗读

第三章 小学教师口语

第一节　沟通语

教师口语中的沟通语是指教师在教育过程中所使用的沟通语言，是教师与学生、家长及同事之间交流的主要方式，可以用来传递和交流教育信息、思想、情感和意图。教师沟通语的使用效果取决于表达方式的清晰度、准确性和恰当性，以及接受者的理解能力和沟通背景等因素。

一、基本理论

（一）沟通语的作用

1. 互相了解，建立信任

只有通过沟通，教师才能了解学生的真实情况，学生也才能理解教师的教育意图，师生之间才有可能建立信任、平等、和谐的关系。这种关系不仅是一种情感境界，还是一种促进学生情感和心理健康的力量。有研究表明，教育工作中有70% 的错误是师生间沟通不畅造成的。[①]

① 史晓宇，阮琳燕，何丽．他们为什么不上学？中学生拒绝上学影响因素的质性研究［J］．社区心理学研究，2023, 16 (2): 193–210.

2. 尊重和理解差异，共同成长

就学校教育而言，沟通是进行教育的前提和基础，真正的教育需要师生之间成功的沟通，因为教育中的沟通，不是为了消除差异，而是为了尊重和理解差异，从而促进沟通双方的共同成长。沟通一方面有助于学生个性化的发展；另一方面有助于教师因材施教。

（二）沟通语的技巧

1. 创造轻松的氛围

沟通时，教师应该对学生友好、保持尊重，不使用带有冒犯性、侮辱性或攻击性的言辞。同时，教师要注意自己的语气和态度，尽可能保持微笑和营造轻松的氛围，可通过邀请学生就座、给学生倒水等方式表达尊重和友好。与学生沟通时，应该创造一个轻松、活泼和愉快的氛围。这可以通过幽默的语言和放松的姿态来营造，以减轻学生的压力和紧张感。

除了口头语言之外，掌握非语言沟通技巧也非常重要。教师应该用亲切的微笑、鼓励的目光、温暖的肢体接触等来增强沟通效果，同时注意自己的姿态和语气，保持平等和积极的态度。在沟通过程中，教师应该关注学生的情绪和情感状态。教师可以用温暖的语言和温柔的目光来鼓励学生表达自己的情绪和感受，以便更好地了解学生的内心世界，同时增强沟通的互动性和效果。

2. 鼓励表达，听取学生的想法

在沟通过程中，教师应该鼓励学生表达自己的想法和意见。教师可以用开放式的问题和积极的态度来引导学生表达自己的观点，让他们感到被尊重和受重视。当学生有困惑或问题时，应该认真倾听他们的想法和意见，了解他们的需求和关注点；对于学生有疑问的地方，应该给予耐心的解释；对于一些复杂的概念或过程，应该用简单明了的语言和生动的例子来解释。

在沟通过程中，不要打断学生的表达或批评学生的想法，而要及时给予简单的回应。

3. 尊重学生的观点，积极肯定学生的表现

在沟通过程中，教师应该积极倾听学生的意思和想法，并及时给予回应和反馈，以便建立良好的互动关系。即使学生的观点与教师的不一致，教师也应该尊重学生的观点并给予理解。在沟通过程中，教师应该尽可能地肯定学生，表达自己的欣赏和认可。这能够让学生感到被重视和认可，增强沟通的信任和互动性，引导学生更加清晰、准确地表达自己的想法。教师应该以开放和包容的心

态来与学生进行交流，引导他们思考并表达自己的想法。当学生在学习和生活中取得进步或成绩时，应该给予积极的肯定和赞扬。这能够增强学生的自信心和积极性，促使他们更好地学习和成长。

4. 表达期望和鼓励，提供必要的支持和帮助

教师表达出对学生的期望和信任，不仅可以让学生感受到自己的责任和使命，还可以让学生感受到自己的价值和信心，以此增强学生的自信心、学习的动力和战胜困难的勇气。

当学生遇到困难或问题时，教师应该尽力提供必要的支持和帮助。这包括提供学习上的指导、生活上的关心和建议，以及解决学生间的纠纷等。

◆【案例：办不好的黑板报】[①]

放学后一会儿，小明来到老师办公室。

他气呼呼地说："老师，黑板报办不好了，我不想干了。"

老师问："别着急！是不是时间来不及？"

小明回答说："对！我从下午一直忙到现在，他们倒好，全跑了。"

老师说："怎么啦？做了很多事，有点委屈？"

小明辩解说："不是的。我只是觉得大家分工去做才会有效率。"

老师点点头，问："那你觉得应该怎么把各自的任务明确下来？"

小明回答说："王炜负责画线，刘航负责写粉笔字，我来负责设计版面。"

老师又点了点头。

小明接着说："可是，大家总是希望别人先动手，要是有一张责任分工表就好了，每个人都知道哪些是自己的任务，反正迟早都得干，大家就会抢着干了。"

老师"唔"了一声，露出赞许的表情。

小明兴奋地说："我今晚就把表画出来，明天拿给您看好吗？"老师肯定地说："好的。"

---

① 罗明东，崔梅，单春樱，等．教师口语技能训练教程 [M]. 昆明：云南大学出版社，2007：106-107.

二、技能训练

◆【场景一：自我介绍】

1. 训练目标

能清晰、准确地表达信息，并恰当地考虑信息接收者的理解能力、沟通场景等因素。

2. 训练要领

◎ 说明来由，展现个性和角色；

◎ 让学生记住自己、喜欢自己。

3. 课堂训练

到小学实习的第一天，在晨会时，你走进了实习班级。班主任老师要你跟同学们讲几句话。请你设计自己与小学生的第一次对话，在 3 分钟之内，实现师生之间的第一次成功沟通。

4. 训练评价

◎ 是否清晰表达信息？

◎ 是否有“记忆点”？

◎ 是否激起学生的“好感”？

◆【场景二：家访】

1. 训练目标

教师能在第一次登门拜访学生家庭的场景中与学生和家长进行沟通交流；能清晰、准确地表达自己的目的，真诚友好地交流；能掌握分寸、灵活机动、因势利导地进行家访。

2. 训练要领

◎ 明确自己的目的，了解家长最关心的话题；

◎ 营造友好和谐氛围，不增加学生和家长的心理负担。

3. 课堂训练

教师进行下列内容的练习：

◎ 了解学生在家里的生活习惯和表现情况；

◎ 向家长介绍学生在学校的表现（有好的方面，也有需要成长的方面）；

◎ 和家长共同商讨教育学生的问题。

4. 训练评价

◎ 是否能进行一次有效且友好的沟通交流？

◎ 是否能根据不同类型的家长使用不同的谈话方式？

◎ 是否能根据不同的学生调整表达方式？

三、自学拓展

（一）主动分享，消除隔阂

在教育实践中，学生面对教师忽然的“生气”“发火”，特别是当着全体学生的面发脾气，往往摸不着头脑。在这种情况下，学生往往会觉得教师莫名其妙，甚至给教师贴上脾气不好的标签。有调皮的学生，会故意给教师出难题，想看教师出糗。教师面对这些情况，不能只有指责批评，而是应该坦诚地与学生沟通，分享自己遇到的情况，真诚地表达自己对学生的关心和爱护，用情真意切的话语进行师生沟通，增进学生对教师的理解，化解师生间的矛盾。

（二）因势利导地进行家访

教师进行家访时，出发点应是对学生的关心、爱护和负责，以肯定学生的成绩和进步为主，切忌当着家长的面数落学生的缺点，不要使用含有贬义色彩的词语来形容学生，避免出现“话不投机半句多”的尴尬局面。例如，有的学生闯了祸，教师不能生硬地告诉家长其孩子如何不听话，而应委婉地告诉家长，孩子本想做好事，可不小心做错了。

教师在家访的过程中，不要谈及别的学生，也不要随便在同班学生之间进行横向比较，说长道短。为了表示对学生的尊重，也为了避免学生对教师的家访产生误会，教师可以让学生在场倾听。这对于学生从教师和家长的谈话中接受教育，是很有好处的。

在与家长进行交谈时，教师作为家访谈话的主动发起方，应该学会抓住家长的心，了解他们最关心的话题。例如，除学生最近在学校的表现之外，对于中年级学生的家长来说，学生如何养成良好的学习习惯是他们共同关心的话题。

（三）语气谦敬地与领导沟通

一般来说，教师与领导比较正式和频繁的沟通大多为工作中请示性的沟通。这类沟通要注意话语中心明确、条理清晰、言辞简洁。要弄清需要请示的问题、问题的迫切程度、如何解决等。教师要以谦敬的语气请领导指示工作，事先预测领导可能觉得不好拒绝的一些问题，并做好预案或撰写相关的文字材料，提供妥善解决的方法，以便巧妙地赢得领导对自己工作的支持。

（四）以商量的口吻与同事沟通

在工作性谈话中，一切都应该从“公”字出发，从大局出发，语调平和，言辞有理、有利、有节，不搞人身攻击；不能毫无顾忌地争夺名利或寻找各种冠冕堂皇的理由给自己争名夺利。另外，在沟通中，还要注意把握好与同事亲与疏的分寸，不可以亲此疏彼，要团结所有的同事。同事之间，特别是老教师不能摆架子，不能对新教师或能力不如自己的教师横加指责，可以用疑问句的形式，循序渐进地启发和提醒他们。

◆【案例：老教师这样指导新同事】[①]

张老师是一位受人尊敬的老教师，他把数学课上得生动、有趣，又不失深度和难度，非常受学生欢迎。但张老师半年后就要退休了。学校为了让张老师承担的教学工作得以平稳过渡，提前半年安排年轻的李老师来接替张老师的数学课，并请张老师随堂指导李老师授课。

李老师上了一段时间的数学课后发现，原来在张老师上课时非常听话的学生开始变得调皮起来，而且喜欢在课堂上捣乱。张老师显然也注意到了这一变化。于是，李老师和张老师就有了下面这段谈话：

李老师：（表情困惑）张老师，我真是不明白，原先您上课时，学生们都非常听话，可怎么一到我上课就变得调皮起来？

张老师：（面带微笑）小李啊，我想先问问你，你是怎么备课的？

李老师：备课时，我在教学内容上还是下了一番功夫的。在听您的数学课时，我注意到您对教学内容的处理非常独到。所以，我就模仿您的方法，注意教学内容的深入浅出。

张老师：（面带微笑）那么，你有没有考虑过教学方法的问题？

李老师：和您一样，我每次上课时都使用了演示教具。而且，为了做好演示，我课前都要求自己多演练几遍。每次上课，教具的演示也都顺顺当当地完成了。

张老师：（诚恳地）小李，处理好教学内容、演示好教具，并不意味着就可以上好数学课了。你讲课时，有没有注意到学生的感觉和反应？课后，你有没有给学生提供一些能够帮助他们理解学习内容的典型的例子及练习题？在学生完成作

---

① 罗明东，崔梅，单春樱，等. 教师口语技能训练教程［M］. 昆明：云南大学出版社，2007：139-146.

业的过程中，你有没有给他们以必要的指导和帮助？

李老师：（表情释然）张老师，您说得对。我讲课时，很不习惯面对全班同学。一看到学生注视着我，我说话就不自在。讲完课后，我一般也就不再给学生提供帮助理解有关学习内容的例子。这是我考虑不周。至于指导学生完成作业，我一般采取单独辅导的方式。但毕竟时间有限，每次只能辅导几个同学。我有点不大习惯面对全班同学进行辅导。

张老师：（面带微笑）问题就出在这里。全班有几十位同学，你能在有限的课余时间里一个一个地进行辅导吗？

李老师：（笑了笑）这一点，我确实没想到！

（有改动）

第二节 启迪语

教育口语中使用启迪语通常是针对他人的思想、观念或思维方式存在的问题，给予启示和指引，以启发他们进行积极的思考和自我教育。

一、基本理论

（一）启迪语的作用

启迪语的主要作用是帮助学生解决思想上的问题，提高他们对事物的认识和理解水平，引导他们积极思考，并进行自我教育。其特点包括化“有心”为“无意”，因人而异，因事设理，积极赞扬，热情鼓励。

启迪语包括理性启迪和情感启迪两种表达方式。

1. 理性启迪

理性启迪是在学生对事物缺乏认识的情况下，教师给予分析说理，启发学生独立思考、提高认识水平的一种启迪方式，学生的感受为领悟、开悟，茅塞顿开，有“原来如此”之感。

2. 情感启迪

情感启迪是开启教育对象的情感，使之与教育者情感相融，并转变原来的态度，进行自觉的反省，从而获得正确认识的一种启迪教育方式。

爱因斯坦说过：“教育的目的是唤醒兴趣，激发热情，点亮智慧之火。” 教育不仅仅是传授知识，更重要的是激发学生的内在动力，培养他们的情感和智慧。因此，在教育教学中，情感启迪和理性启迪一样重要。

（二）启迪语的原则

1. 抓住痛点，因事设理

《论语·述而》中，孔子曰：“不愤不启，不悱不发。” 意思是如果学生没有经过冥思苦想且怎么想也想不通的过程，就不去启发他；如果学生没有经过思考并有所体会，想说却又说不出来的过程，就不去开导他。这句话体现了孔子的教学原则：学生首先要学会独立思考，在思考遇到“卡壳”“困顿”后，教师再进行点拨。教师要发现学生的“卡壳”和“困顿”，也就是我们说的“痛点”。

在启迪学生时，抓住痛点是启迪学生的重要环节，要根据学生的痛点进行有针对性的指导，帮助学生成长和突破。通过抓住痛点，因事设理，教师可以更深入地了解学生的需求，增强与学生的共鸣和学生的学习积极性，打破学生的思维定式，增强学生的自主意识，以及提高学生的参与度。

抓住学生痛点，因事设理，可从以下几个方面着手：

（1）了解学生的需求和关注点

教师需要深入了解学生的兴趣、能力、目标和价值观等方面的需求和关注点，从而发现学生在学习和成长过程中所面临的问题和挑战。

（2）发现学生的困惑和困难

教师要关注学生在学习、生活和职业发展过程中所遇到的困惑和困难，并了解具体情况，进而提供有针对性的指导和支持。

（3）培养学生的批判性思维能力

教师应该注重培养学生的批判性思维能力，帮助他们学会分析问题、评估信息和做出明智的决策。同时，也可以让学生更好地认识自己的问题和发展方向。

（4）为学生提供实践和探索机会

教师可以为学生提供各种实践和探索的机会，如参加课外活动、实习、做义工、参加学术研究项目等。这些经历可以帮助学生发现自己的兴趣所在，并了解不同领域的要求和挑战。

（5）给予学生支持和鼓励

当学生在面对选择和决策感到困惑或不确定时，教师可以给予支持和鼓励，帮助他们树立信心并厘清思路，同时也可以培养他们的责任感和自律性。

◆【案例：上课为什么要认真听讲、深入思考？】

学生认为上课时老师讲解的内容：

正确的微信图标是哪一个？（图 3-1）

图 3-1　表层思考例图

实际考试的考点是：

正确的微信图标是哪一个？（图 3-2）

图 3-2　深层思考例图

2. 引起思考，自我教育

启迪是指在教育情境中，教育者通过言语、行为等方式，引导学生进行积极的思考和自我探索，促进学生的自我认知和自我发展。启迪的本质是实现学生的自我发展和提高，其依赖的路径和自我教育是相同的，都是学生自身的悟性和反思。

◆【案例：教育中的三个馒头】[①]

著名教育家、上海市教育科学研究院副院长顾泠沅教授曾与几位美国同行一起参观和交流。

美国同行向顾泠沅竖起大拇指，连连称赞："我太钦佩你们的教师了，不仅敬业，而且有那么好的成绩和经验！"但紧接着，又迸出一句不客气的话："我不佩服你们的教研人员，他们很失职，有这么好的成绩和经验，却什么都没有总结出来。"

顾泠沅听后一点也不气恼，而是讲了一个寓言故事：从前，有个和尚饿了，开始吃馒头。吃完第一个，没有饱。再吃第二个，仍然不饱。接着吃第三个，饱了。吃完馒头，和尚就开始发议论了（顾泠沅诙谐地点评：议论都是吃饱了发的）：早知道吃第三个馒头会饱，何苦去吃前面两个呢？

美国学者听完后若有所思，而后拍案叫绝："啊，你们中国的故事太好了！

① 吴泓．课改，不能只盯着一个"馒头"[EB/OL].（2008-04-22）[2024-02-29].https://news.sina.com.cn/c/edu/2008-04-22/025013772034s.shtml.

这第一个、第二个馒头就是原理、基础，第三个馒头是策略应用。原来你们一直都在默默地吃前两个馒头，而我们却只想吃第三个馒头，我们的基础教育很有问题！”

（有改动）

（三）启迪学生的技巧

1. 提问引导法

在提问引导法中，教育效果最好、影响范围最广的是产婆术，亦译为“接生术”“助产术”，别称“理智助产术”“精神助产术”，是古希腊哲学家、教育学家苏格拉底的一套发问术。产婆术，即通过双方的交谈，不断揭示对方谈话中自相矛盾之处，从而逐步从个别的感性认识，上升到普遍的理性认识、定义、知识。

产婆术是一种启发式的教育方法，其核心是通过问答的形式，引导学生自主思考，发现知识并得出结论。这种方法包括以下四个步骤：

（1）反讽

苏格拉底会从学生提出的论题出发，不断地提出反问，引导学生思考。即使学生回答错误，他也不会立刻纠正，而是继续提出问题来引导学生自我发现和思考。

（2）助产

苏格拉底将自己比作智慧的“产婆”，通过暗示性的语言和相关示例，引导学生积极思考，主动发现新知识并走上正确认识的道路。

（3）归纳

苏格拉底通过比较分析所讨论的具体现象和事物，帮助学生提炼出普遍规律和概念。

（4）提问

在整个过程中，苏格拉底会不断提出问题，引导学生自我探究和思考，从而得出结论。

◆【案例：正义就是有话实说，欠债还钱】[①]

克法洛斯根据自己的想法给正义下了定义，认为正义就是“有话实说、欠债还钱”，其正义观与雅典城邦的律法相一致，这体现出对诸神的虔敬、制度的认同，表明年长的权贵绅士所代表的就是权威和传统。

① 鞠杨秀.《理想国》第一卷中的三种正义观及其困境解读[J].西部学刊，2024 (11): 145.

苏格拉底通过一个情景假设便轻易驳倒克法洛斯的正义观：当朋友在头脑清醒时把武器托管给你，正义的是在他要回时你必须归还，若后来他疯了，这时你把武器还给他是不正义的事，这是矛盾的。欠债还钱天经地义，但针对某些特殊场合就变为了非正义，这会导致同一做法时而正义时而非正义，而克法洛斯遵循着的人和神的法律使他不愿意面对这个事实。克法洛斯这个年长者致力于向诸神献祭，在他眼中正义就是法律；而有些情景使人不得不为了正义而偏离法律，这挑战了诸神的权威性，这让他觉得现在所做的一切都没有了意义。

通过“正义就是有话实说，欠债还钱”引导，学生开始认识到“正义”和“非正义”并非绝对的对立，而是需要根据具体情况来判断。在这个案例中，苏格拉底通过提问引导学生自我思考，最终让学生认识到正义的复杂性和相对性。

2. 类比启迪法

类比启迪法是指通过将事物或故事与其他事物或故事进行比较，以发现它们之间的相似之处，从而帮助学生理解新的概念或思想。例如，学生在学习新的数学公式时，可以将该公式与已经学过的类似公式进行比较，以发现它们之间的共同点，从而更好地理解新公式。

类比启迪法也可以用来帮助学生更好地理解抽象的概念或思想。例如，学生在学习社会学中“文化”这个概念时，可以将文化与自然界中的生态平衡进行比较，以发现它们之间的相似之处。这可以帮助学生对“文化”这个概念有更深入的理解。但需要注意类比对象之间的相似之处是本质性的，而不是表面性的。例如，在上述例子中，文化与生态平衡之间的相似之处是它们的复杂系统，而不是它们的外在表现形式。

◆【案例：生命的价值】[①]

在一次讨论会上，一位著名的演说家面对会议室里的 200 个人，没讲一句开场白，只在手里高举着一张 20 美元（约等于人民币 143 元）的钞票。

他问：“谁要这 20 美元？”一只只手举了起来。

他接着说：“我打算把这 20 美元送给你们其中一位，但在这之前，请准许我做一件事。”他说着将钞票揉成一团，然后问：“谁还要？”仍有人举起手来。

他又说：“那么，假如我这样做呢？”他把钞票扔到地上，又踏上一脚，并且用脚碾压它。而后他拾起钞票，钞票已经变得又脏又皱。

“现在谁还要？”还是有人举起手来。

---

① 大连心理咨询公众号.20 篇给人以启迪的经典故事[EB/OL].(2023-01-16)[2024-05-11]. https://mp.weixin.qq.com/s/EPZ4jHXQVCSYtEZ_YasVKw.

“朋友们，你们已经上了一堂很有意义的课。无论我如何对待那张钞票，你们还是想要它，因为它并没有贬值，它依旧价值20美元。人生路上，我们会无数次被逆境击倒，甚至被命运碾压得‘粉身碎骨’，觉得自己似乎一文不值。但无论发生什么，或将要发生什么，我们永远不会丧失价值。生命的价值不依赖我们的所作所为，也不依仗我们结交的人物，而是取决于我们本身！我们是独特的——永远不要忘记这点。”演说家总结道。

（有改动）

3. 榜样暗示法

榜样暗示法是一种通过选择合适的榜样来激励、引导个人成长和发展的教育方法。以下是具体的操作步骤：

（1）明确目标

首先需要明确想要的目标，如提高学生的学习成绩、培养学生良好的生活习惯或者帮助学生树立远大的志向等。这样有助于教师选择合适的榜样，以及制订相应的计划和策略。

（2）找到合适的榜样

选择的榜样应该是具有相关特质、行为或成就的，并且应该是可以被效仿和实现的。例如，如果要提高学生的学习成绩，可以选择一个成绩优秀的学生或者教师作为榜样。

（3）强调榜样的特质、行为或成就

在宣传和介绍榜样时，要重点强调他们的特质、行为或成就，并尽可能详细地描述他们的方法和策略。这有助于其他人了解他们是如何实现目标的，以及自己可以从中学习和借鉴什么。

（4）学生制订个人行动计划

根据榜样的特质、行为或成就，学生制订一份适合自己的行动计划。这个计划应该明确希望达到的目标，以及打算如何实现这些目标。这有助于学生更好地跟踪自己的进展，并及时进行调整和改进。

（5）营造积极的氛围

在实施榜样暗示法的过程中，要营造一个积极的、充满鼓励的氛围。这有助于激发学生的积极性和主动性，让他们更愿意接受和效仿榜样的行为与做法。

（6）给予支持和指导

在实施榜样暗示法的过程中，教师要给予学生必要的支持和指导。这可以帮助他们更好地理解和掌握效仿榜样的方法，以及解决他们在实施过程中遇到的问题和困难。

通过这些方法和技巧的实施，可以有效地激发学生的积极性和主动性，引导他们向榜样学习，从而实现自我进步和成长。不过，值得注意的是，教师和家长的言行也在潜移默化中影响着学生的成长。因此，教师和家长要注重自己的一言一行，做好榜样。

二、技能训练

◆【场景一：启迪课余打游戏的小学生】

1. 训练目标

能在启迪教育时通过提出一系列问题让学生自己去思考，引导他们通过自我感悟明辨是非，实现自我教育。

2. 训练要领

◎ 创设一个合适的教育情境；

◎ 对待学生的错误行为，应用委婉妥帖的话语循循善诱。

3. 课堂训练

面对小学生花大部分课余时间打网络游戏，课间还在讨论网络游戏的情况，你作为班主任会怎样进行提问、引导、启迪？

4. 训练评价

◎ 是否能用提问、引导、启迪的方式来进行思想品德教育？

◎ 在对话中能否关注到学生的回答并因势利导？

◎ 教育的语言是否委婉，并发人深省？

◆【场景二：对恶意取外号的劝导】

1. 训练目标

对学生进行启迪教育时，利用学生喜欢的小故事或者一些生动的例子，让学生容易接受，达到教育的目的。

2. 训练要领

◎ 根据教育内容，选择有针对性的故事或例子；

◎ 对待学生的错误行为，运用类比方法，让学生接受道理。

3. 课堂训练

班上有学生恶意给同学起外号，伤害了被起外号学生的自尊心，你作为班主任会怎么进行类比启迪？

4. 训练评价

◎ 是否能用类比启迪的方式来进行思想品质的引导教育？

◎ 是否在启迪教育中明确指出恶意起外号伤害他人自尊心的问题？

◎ 教育的语言是否通俗易懂，易于被学生接受？

三、自学拓展

（一）启迪与洗脑的区别

启迪是一种通过知识和信息的提供，引导人们自主思考和探索的方法，旨在提高人们的认知水平和思考能力。而洗脑则是通过宣传、灌输和操纵信息，使人们接受特定的思维方式和观点，从而放弃自我思考和判断。两者之间主要有以下区别：

（1）目的

启迪的目的是启发思考，提高学生的认知和判断能力，以追求学生的个人自由和幸福为目标；而洗脑则是为了控制和操纵学生的思想与行为，使学生盲目服从教师的指令，失去自我思考和判断的能力。

（2）方法

启迪通过提供各种知识和信息，引导学生自主思考和探索，从而发现和理解真理；而洗脑则是通过宣传、灌输和操纵信息，使学生接受特定的思维方式和观点，从而放弃自我思考和判断。

（3）效果

启迪能够提高学生的认知水平和思考能力，使学生更加有创造性和判断力，从而能够更好地适应和创造自己的生活；而洗脑则会使学生变得盲目和被动，无法真正实现自我成长和发展。

（4）价值观

启迪强调个人的自由、平等和尊严，鼓励学生追求自我实现和个人成长；而洗脑则强调集体的利益和权威的绝对性，压制学生的自由和权利。

（5）对抗性

启迪鼓励学生独立思考和判断，对不同的观点和思想持开放和包容的态度；而洗脑则通过强制性的手段，压制和消除学生对不同观点和思想的质疑与挑战。

（6）开放性

启迪鼓励学生不断学习和探索新的知识与思想，不断更新自己的观点和看法；而洗脑则强调对特定思想和观点的忠诚与绝对服从，不允许学生持有不同的观点和思想。

（二）启迪是一种因材施教的方法

启迪强调根据每个学生的特点和需求，采取个性化、灵活的教育手段，激发学生的潜能，帮助他们形成独立的思考能力和判断力。启迪是一种因材施教的方法，主要表现在以下几个方面：

（1）选择个性化的教学内容

针对学生的兴趣、特长和能力，选择适合他们的教学内容，使学生在学习过程中感到愉快和充实。例如，对于具有艺术天赋的学生，可以引导他们多接触和欣赏艺术作品，培养他们的艺术素养；对于擅长逻辑思维的学生，可以引导他们学习科学、数学等领域的知识，发挥他们的优势。

（2）采取差异化的教学方法

根据学生的学习风格和能力，采取适当的教学方法，提升教学效果。例如，对于视觉型的学生，可以采用图表、图片等形式进行教学；对于听觉型的学生，可以采用讲座、讲解等形式进行教学；对于动觉型的学生，可以采用实验、操作等形式进行教学。

（3）鼓励学生自主探索

启迪教育强调培养学生的自主学习能力，鼓励他们在学习过程中主动发现问题、提出问题、解决问题。教师要引导学生学会独立思考，培养他们的批判性思维和创新能力。

（4）关注学生的情感需求

启迪教育要关注学生的情感需求，关心他们的成长和发展，为他们提供安全、舒适的学习环境。教师要善于发现学生的心理问题，及时给予关爱和支持，帮助他们建立自信、积极的心态。

（5）激发学生的内在动力

启迪教育要激发学生的内在动力，让他们在学习过程中体验到成就感和满足感。教师要善于发现学生的优点和潜力，给予适当的表扬和鼓励，让学生感受到自己的价值和意义。

启迪教育因人而异，同样的启迪话语和方法，对不同的学生可能有不同的效果。因此，在教育实践中，教师要尝试用多种方法和综合各学科的知识来启发学生，以此帮助每个学生挖掘自己的潜力和实现自己的价值，成为更好的自己。

第三节 说服语

教育口语中使用说服语，是指教师借助言语、事实和示范，把外在的社会角色规范内化，改变说服对象的认知，从而改变其态度或行为，使之趋向预期目标，即摆事实、讲道理，“说”而使其“服”，使学生听从和接受某种意见、观点或办法，这需要技巧和机智。

一、基本理论

（一）说服语的作用

说服语是非常有力的一种工具，可以帮助教师影响和改变学生的观念与态度。通过讲述生活的事例、阐述正确的道理，教师可以引导学生形成正确的价值观、养成良好的行为习惯，从而达到预期的教育目标。具体来说，有以下几个方面的作用：

1. 激发学习兴趣

教师可以通过说服语激发学生的学习兴趣，使他们更愿意投入学习中。例如，教师可以说：“学习这个知识点可以让你更好地理解世界，提高你的思维能力。”

2. 引导学生思考

教师可以通过说服语引导学生进行深入思考，培养他们的独立思考能力。例如，教师可以说：“这个问题有多种解决方法，你可以尝试从不同的角度去思考。”

3. 纠正错误观念

教师可以通过说服语纠正学生的错误观念，帮助他们树立正确的价值观和世界观。例如，教师可以说：“歧视他人是不正确的，我们应该尊重每个人的差异。”

4. 鼓励学生努力

教师可以通过说服语鼓励学生努力学习，克服困难，实现目标。例如，教师可以说：“虽然在学习过程中会遇到困难，但只要坚持努力，你一定能取得好成绩。”

5. 培养合作精神

教师可以通过说服语培养学生的合作精神，让他们学会与他人合作，共同解决问题。例如，教师可以说：“这个任务需要我们团队合作才能完成，让我们共同努力吧。”

（二）说服语的基本要求

1. 分析不同对象

说服是为了明道理，解心结，规言行，释情绪。因此，了解学生的思想动态，摸清其思想根源，把握其思想脉络，找准问题实质，是首先要做的事。对于同样的事物，由于认知水平的差异，不同的人会有不同的理解。对于相同的语气，不同心理状态、年龄和性别的人会有不同的感受。因此，对不同的谈话对象要用不同的表达方式。

教师应针对每个学生的个性特点、心理差异提出不同的要求。对于沉默寡言、内向的学生，教师应该语气柔缓，用词婉转；对于活泼好动、外向的学生，教师可以直接切入话题，指出问题的实质，帮助学生克服缺点，及时解决问题。如果不采取恰当的办法去说服学生，则就很难收到良好的说服效果。

2. 不急于否定对方的想法

在说服的过程中，如果教师急于否定学生的想法，就可能会产生以下负面影响：

（1）伤害了学生的自尊心

教师否定学生的想法可能会伤害学生的自尊心，让学生感到自己未受到尊重和认可，进而产生消极情绪和心理压力。

（2）阻碍学生的思维发展

教师急于否定学生的想法可能会阻碍学生的思维发展，限制学生的思考能力和创造力。如果教师没有给予学生足够的思考时间和表达机会就急于否定学生的想法，那么学生的思维能力和表达能力将无法得到充分的发展。

（3）破坏师生之间的关系

教师急于否定学生的想法可能会破坏师生之间的关系，影响师生之间的沟通和合作。如果学生感到自己无法得到教师的尊重和理解，那么他们可能会对教师产生不信任感和抵触情绪，从而影响学习效果。当然，如果急于否定学生的想法，那么教师可能无法真正解决问题。

因此，教师应该尽量避免急于否定学生的想法，而应该给予学生足够的思考时间和表达机会，尊重学生的想法和观点，以促进学生的全面发展。

3. 循序渐进，层层推进

“打开学生心灵之锁”要注意循序渐进、把握时机，只有这样才能层层推进、水到渠成。其方式可分为两种：一是体现在说服谈话的安排上，可将谈话分为几个阶段或几次，循序渐进，逐步深入抵达问题的实质；二是体现在说服的过程当中，言语信息要具有层次感。要逐步推进学生的认识，通过启发、引导，让学生实现自我说服。

◆【案例：我只想玩，不想做作业】①

几个学生协助教师做校务杂事时，与教师展开了对话。

学生甲：我就想玩，像帮您做这些事，我乐意，就是不大愿意做作业和读书。

教师：对，我也想玩，我还一直认为爱玩不一定是缺点。而且，玩还要玩得痛快。

学生乙：我就图玩个痛快，但是作业没做完，值日生查到了又叫我们补，不补，老师会狠狠地批评我们，只好补，课间不能玩，甚至放学了还走不成。

教师：这样，实际上没玩尽兴。不知你们注意到何兵同学没有……对了，你（对甲）跟他很要好，应该很了解他。我发现他并不“勤奋”，从没在课间或放学后赶什么作业，哪怕是要考试了，他也不占用休息时间用功，玩得够可以的。

学生甲、乙：就是。但他的成绩还可以。

教师：什么道理呢？有一次我问他……

学生甲：（抢着说）我了解，我挨着他坐的那一段时间，看见他上课认真听讲，发言积极。老师布置完作业后，他马上聚精会神地做，一点儿也不东张西望，有几次我找他讲笑话，他都不理我。

教师：那么，他的家庭作业呢？

学生乙：这我清楚（该生是何兵的邻居）。他回家第一件事就是做作业，做完了才玩。我却是把书包往家一丢，就去找朋友，玩了再说。

（有改动）

有的学生不爱做作业和读书，只想玩，对这样的学生，一些教师往往会把他们归入学困生的行列。案例中的教师邀请他们来和自己一起做事，这便创造了一个能够与这些学习有困难的学生平等、自由、轻松对话的机会，同时也使学生感受到教师的信任和尊重，因为在许多学生的心目中，只有得到教师信任的好学生才有帮教师做事的机会。

---

① 毛可敏．师生口才的训练术［M］．长春：东北师范大学出版社，1991：287.

在宽松的氛围中，教师对于学生暴露的贪玩不想学习的真实想法，及时进行了说服教育。但这种教育不是通过直接否定学生的言行强加给学生的，而是对于学生爱玩的想法给予认同，接着针对他们想玩又要学习，因而玩得不安心的心理矛盾，在不经意间提到一个既“玩得够可以”，学习成绩也不错的学生，这实际上是为他们树立了榜样，然后通过看似好奇地追问，不着痕迹地引导、启发这两个学生去思考、琢磨那个同学是如何学习的，自然而然地将榜样好的学习习惯和行为总结出来了。这样，学生就明白怎样才能做到既玩好又学好了。

（三）说服学生的技巧

1. 关注需求，进行非暴力沟通

非暴力沟通的关键是体察需求。这意味着关注双方的需求和感受，以建立联系和解决问题，而不是指责或攻击他人。通过表达自己的需求和感受，以及倾听他人的需求和感受，我们可以更好地理解对方，并找到满足双方需求的方式。非暴力沟通的关键要素包括：

（1）观察

有意识地关注和表达观察结果，不带有任何评价或判断。

（2）感受

表达自己的情感和需求，而不是指责或攻击他人。

（3）需要

明确自己的需求和期望，并倾听他人的需求和期望。

（4）请求

以请求的方式表达自己的期望，而不是命令或威胁。①

通过这些要素的应用，我们可以建立更加和谐、真诚和有效的沟通，减少冲突和误解，促进相互理解和合作。以下是一位教师说服学生的例子：小明经常在课堂上调皮捣蛋，影响其他同学听课。教师尝试运用非暴力的沟通方法来解决问题。

---

① 蔡隆．非暴力沟通：奏响沟通四部曲［J］．中学生博览，2024(6): 54-55.

◆【案例：说服课堂上的捣蛋鬼】[①]

第一步：表达观察和感受

教师找小明谈话，说："我注意到在课堂上，你经常做一些小动作，让其他同学分心。这让我很困扰，你是否有什么困扰或需要帮助的地方？"

第二步：倾听和了解需求

小明回答说："我觉得上课很无聊，所以会做一些事情来消磨时间。"

教师接着说："我理解你的无聊，但我希望你能在课堂上保持安静，因为这对其他同学的学习有很大影响。"

第三步：提出具体请求

教师对小明说："我建议你尝试做一些与学习相关的事情，例如，做笔记、参与课堂讨论、回答问题，或者在课后找一些你感兴趣的书阅读。你觉得这样可以吗？"

在这个案例中，教师运用非暴力沟通的方法，尝试说服小明不要在课堂上捣蛋。

2. 就事论理，给学生出道选择题

就事论理，这个"理"是道理、事理或思想，有时也指利弊和得失的分析。"说服"中的"说"不是说教、指责，而是劝说、感化，以使学生明理、达理，最终"服"理。在说服学生的过程中，教师应当根据学生的思维与心理特点，摆事实、讲道理，多用发生在他们身边的活生生的例子，以及他们了解的真实情境，讲究说服技巧，语气要诚恳委婉，语言要生动活泼、形象有趣，可多用比喻、对比等修辞手法。

说服别人一定要注意观察、把握时机，还要耐心诚恳，努力创造良好的心理氛围。因为对于教师的"说"，学生可能"服"，也可能"不服"。遇到后一种情况时，只有学生把"不服""说"出来，教师才能进一步"说"，甚至通过双方争论，才能使学生"服"。如果对方正在气头上，或者对方的抵触情绪正强烈，直接争辩很难收到良好的效果，这时，说服者要稍微让步，设身处地，换位思考地出道选择题，待对方情绪稳定后再做出选择。以下是一位教师给学生出选择题的例子：

① 案例源自课堂教学。

◆【案例：给学生出道选择题】[①]

一个学生向教师请假去参加表姐的婚礼。

教师问道："告诉老师，你去能给表姐帮什么忙？抬东西吗？要不就是管理事情？"

学生直摇头。

教师温和地说："老师知道，去吃表姐的喜糖是你盼望已久的事情。如果她在节假日结婚，我们不上课，能去当然好。可现在情况不同，明天数学、语文都学新课，连你们活动老师也说，明天活动课上还要搞校制作比赛。你要是不来上学，那损失有多大呀！假如你只是想去凑热闹，那太不划算了；想吃好东西，可以让你爸爸、妈妈给你多捎些回来。"

学生站在教师面前，嘴角抽动，眼睛里有泪珠在滚动。

"这样吧，老师已经帮你把事情分析了，对你请假的事，老师不说'行'，也不说'不行'。至于怎么办，你今晚可以回家再好好考虑一下。"

（有改动）

二、技能训练

◆【场景一：学生攀比互赠的贺年卡】

1. 训练目标

能用正确的理论对受教育者进行非暴力沟通的教育陈述。

2. 训练要领

◎ 通过非暴力沟通的技巧，告诉学生道理，使学生受到教育；

◎ 说服过程中，应该态度明确。

3. 课堂训练

某校学生到年终时互赠贺年卡，有些学生相互攀比，比谁送给别人的贺年卡价格高、数量大。家长们纷纷向校领导反映，要求学校制止这种乱花钱现象。校长在全校大会上对这种现象进行了批评，并要求各班班干部以身作则，帮助本班同学摒弃这种乱花钱的坏习惯。大部分同学认为这项措施很好，但也有个别同学对这项措施很反感，认为学校破坏了同学的友情，说校长没有人情味。[②]

请模拟班主任，说服这名同学。

① 张玉梅．给孩子出道选择题［J］．山东教育，2003(13)：19.

② 罗明东，等．教师口语技能训练教程［M］．昆明：云南大学出版社，2007：268.

4. 训练评价

◎ 是否在说服中明确表达攀比消费的行为是不对的？

◎ 是否体察到学生的需求，并提出具体的请求？

◎ 教育的语言是否有力，并且观点鲜明？

◆【场景二：特别恋家的黄同学】

1. 训练目标

能在说理的同时循循善诱、疏导情绪、劝阻行为。

2. 训练要领

◎ 用真情感化学生，用良言引导学生。

◎ 用委婉妥帖的话语循循善诱，使学生感到入情入理。

3. 课堂训练

小学三年级第一学期开始住校，刚开学第 4 天，黄薇同学找到老师，说她特别恋家，一周回一次家让她特别煎熬，希望老师能同意她每周三回家一次。她还说了她的家庭、她的性格、她的生活习惯等，特别向老师强调她非常想家，还一边说，一边掉眼泪。①

请模拟班主任，说服这名同学。

4. 训练评价

◎ 是否能用合适的说服方式来进行引导？

◎ 教育的语言是否入情入理、循循善诱？

三、自学拓展

（一）非暴力沟通的由来

非暴力沟通是由美国心理学家、沟通学专家马歇尔·卢森堡（Marshall B. Rosenberg）于 20 世纪 60 年代提出的。卢森堡深入研究了卡尔·罗杰斯（Carl Rogers）的人本主义心理学、米哈里·契克森米哈赖（Mihaly Csikszentmihalyi）的积极心理学以及马丁·布伯（Martin Buber）的“我与你”哲学思想，并将这些理论应用于沟通领域，发展出一套独特的沟通方法。

卢森堡认为，传统的沟通方式往往导致误解、冲突和对立，他希望通过非暴

① 李镇西．做最好的班主任［M］．桂林：漓江出版社，2014：108-112.

力沟通来帮助人们建立更加真诚、深入和有意义的连接。

（二）非暴力沟通在教育领域的应用

在教育领域，非暴力沟通可以帮助教师和学生进一步理解对方，并更加有效地进行交流。

对于教师来说，非暴力沟通可以帮助他们更好地理解学生的需求。教师可以通过非暴力沟通了解学生的情感状态、关注点和兴趣爱好，以便更好地了解他们的需求和愿望。借助这些信息，教师可以制订更加个性化的教学计划，进一步激发学生的学习热情和积极性。

此外，非暴力沟通也可以帮助教师更有效地与学生进行沟通。作为倾听者，教师可以通过体会学生的观察、感受和需求，与他们建立共情的联系，理解他们的请求，并发现可以做些什么来帮助他们。这样的倾听和理解可以鼓励学生表达自己的想法和感受，也有助于教师识别和帮助解决学生遇到的问题。

总的来说，非暴力沟通在教育领域的应用有助于建立更加和谐的师生关系，增进教师对学生的理解，增强学生的学习积极性和自信心。同时，非暴力沟通还可以帮助教师更好地应对学生冲突等突发情况，从而营造一个更健康、更积极的学习环境。

（三）说服语公式

描述事实 + 表达感受 + 说出需求 / 危害 + 请求行动

（1）普通表达

走，我们去旅游吧！

（2）说服公式表达

最近一周连续加班（描述事实），好累啊（表达感受），我好想去一个没有烦恼的地方晒晒太阳，享受日光浴啊（说出需求）。亲爱的，你最近有空吗？（请求行动）

第四节 激励语

教育口语中的激励语，是指那些能够激发学生学习兴趣、动力和决心的语言，旨在鼓励他们继续努力。在教育语境中，激励语通常包含鼓励、支持和启发性的语言，旨在帮助学生建立自信、克服困难，并激发他们的学习热情，从而产生积极性和动力，为实现自己的目标而努力奋斗。

一、基本理论

（一）激励语的作用

1. 增强自信心和自我价值感

激励语可以通过肯定、鼓励、认可等方式，让学生感受到自己的价值和能力，从而增强自信心和自我价值感。当人们得到肯定和鼓励时，会更加自信和自豪，从而更加积极地面对挑战和困难。

2. 激发积极性和主动性

激励语可以通过赞美、表扬、奖励等方式，激发学生的积极性和主动性，使学生愿意投入更多的时间和精力，去实现自己的目标。当学生得到认可和表扬时，会感到受到了重视和尊重，从而更加积极地行动。

3. 增强责任感和使命感

激励语可以通过赋予责任、使命等方式，让学生感受到自己的价值和作用，从而增强责任感和使命感。当学生被赋予责任和使命时，会更加认真地对待自己的学习，更加努力地追求自己的目标。

4. 推动个人、班级和团队发展

激励语可以通过引导、鼓励、支持等方式，推动个人、班级和团队的发展与进步。当学生得到引导和支持时，会更加清晰地认识自己的优势和不足，从而更加努力地学习和改进，实现个人、班级和团队的发展与进步。

（二）激励语的基本要求

1. 了解学生的需求和兴趣

要激励学生，首先要了解他们的需求和兴趣。不同的学生有不同的需求和兴趣，因此要根据不同的学生，采用不同的激励方式，以激发他们的内在动力和积极性。

2. 给予学生正面激励和鼓励

在学生的学习和生活中，要及时给予他们正面激励和鼓励，让他们感受到自己的进步和成长。正面激励和鼓励可以让学生更加自信和积极地面对学习与生活中的挑战。

3. 引导学生认识自己的潜力和优势

要引导学生认识自己的潜力和优势，帮助他们发现自己的优点和长处，从而激发他们的内在动力和积极性。在学生的学习和生活中，要让学生参与决策，培养他们的自主性。这样可以让学生更加自觉地为自己的学习和生活负责，增强他们的责任感和自信心。

（三）激励学生常用的技巧

1. 正向激励

正向激励的核心是通过对学生的积极行为和成就进行表扬、奖励和支持，来增强学生的自尊心、自信心和学习动力。

在教育实践中，首先，教师可以通过表扬和奖励来鼓励学生的积极行为和成就。例如，教师可以在课堂上公开表扬学生的优秀作业或考试成绩。

其次，教师可以给予学生积极的反馈，以鼓励他们在学习中取得更大的进步。例如，教师可以对学生的作业或考试成绩提供具体的评价和建议，以帮助学生了解自己的优点和不足，并给学生提供改进的方向。

再次，教师可以鼓励学生自主学习，以增强他们的学习动力和自信心。例如，教师可以让学生自主选择学习内容、学习方式和学习目标，为他们提供支持和指导。

最后，教师也可以根据学生的不同特点和需求，提供个性化的教学服务。例如，教师可以为学生制订个性化的学习计划、提供额外的辅导时间或资源，以帮助学生克服学习困难。

正向激励在教育领域的应用，可以帮助学生增强自尊心、自信心和学习动力，从而提高学生的学习成绩和综合素质。同时，也可以促进师生关系的和谐发展，提高教学质量和效果。

2. 荣誉激励法

除了言语激励之外，教师可以使用成就激励，即为表现优秀的学生颁发奖状、奖章，进行积分或奖励其他小礼品，让学生感到自己的努力得到了回报和尊重。例如，学期刚开始，教师请学生写礼物清单，到期中或期末时，对于表现好的学生，教师根据他们的礼物清单给予奖励。在奖状、奖章奖励方面，也有教师可以发挥的空间。例如，一位教师在班级中设立了各种奖项，如“课堂表现最佳奖”“作业完成最佳奖”“阅读之星奖”“最具期待小明星”等，以表彰在各个领域表现突出的学生。同时，这位教师还鼓励学生通过团队合作、自主探究等方式，自主发现问题并解决问题，对于表现优秀的小组和个人也会给予各种荣誉和奖励。

在教育实践中，教师可以创造机会进行激励，即给予学生有挑战性的任务或机会，让他们尝试新的事物并展示自己的才能，增强自信心和成就感。例如，教师指导某些方面突出的学生去参加相关的专业比赛。教师也可以使用授权激励，即让学生参与班级管理或组织活动，让他们感到自己有权力和责任去完成任务，增强自我价值和归属感。例如，一位教师在班级中推行“小老师”制度，让学生成为“小老师”，代替教师完成某些教学任务和管理工作。这些“小老师”可以是在某个学科领域表现优秀的学生，也可以是在组织能力、沟通能力和责任心方面表现突出的学生。这位教师将一些教学任务和管理工作交给“小老师”完成，如组织早读、检查作业、安排课外活动等。“小老师们”在这些任务和管理工作中表现出非常高的热情和责任感，他们认真备课、讲解、批改作业，甚至比教师更加细致和用心。

教师还可以使用情感激励，即与学生建立良好的情感联系，关心他们的生活和学习情况，让他们感到被关注和重视。例如，一位教师在语文课上发现一个学生的写作水平较低，而且对写作感到沮丧和失望。为了帮助这个学生提升写作水平并增强自信心，教师决定采用情感激励法。首先，教师认真阅读了这个学生的作文，发现学生的作文思路和语言表达存在一些问题。然后，教师在课堂上对这个学生的作文进行了细致的点评，并给出了具体的建议。在点评过程中，教师始终保持耐心和鼓励的态度，肯定学生的优点，并针对每个优点进行表扬和鼓励。此外，教师还与这个学生建立了定期的作文互批机制。在互批作文的过程中，教师及时关注学生的情感需求，尊重学生的意见和想法，同时也给出具体的建议和指导。通过这种方式，学生逐渐感受到了教师的关注和支持，并且写作的自信心也得到了提升。经过一段时间的努力，这个学生的写作水平有了显著提高，并且在班级中的表现也更加活跃。这位教师的情感激励法不仅帮助学生提升了写作水平，还激发了学生对写作的兴趣和热情。

3. 用恰当的体态语增强激励效果

体态语可以帮助教师更好地与学生互动和交流，表达认同、鼓励、支持和关心，增强学生的自信心和学习动力，从而增强激励的效果。有增强激励效果的体态语通常包括以下几种：

（1）点头

点头是一种非常简单但有效的体态语，表示对学生的认同和赞许。轻轻地点头可以鼓舞学生，使学生更有信心和学习动力，表明教师在认真倾听并且认同学生的观点或表现。

（2）微笑

微笑是一种非常普遍的体态语，它可以传达友好、温暖和积极的信息。微笑可以减轻压力，增强学生的自信心，并让学生感到更加舒适和放松。

（3）鼓掌

鼓掌是一种非常有力的体态语，它可以表示赞赏、鼓励和支持。鼓掌可以让学生感到被重视和认可，增强学生的自尊心和自信心。

（4）击掌

击掌是一种非常普遍的体态语，它可以传达友好、尊重和合作的信息。击掌可以表达信任和鼓励，让学生感受到教师的支持，也可以增强双方的互动和交流。

（5）拥抱

拥抱是一种非常有力的体态语，它可以传达爱、关心、支持和鼓励的信息。拥抱可以让学生感到被理解和关爱，让学生获得情感支持和增强自信心。

二、技能训练

◆【场景一：期末前的同桌互相激励】

1. 训练目标

能运用激励语激发学生的自信心，使之有努力的方向和赶超的目标。

2. 训练要领

◎ 用激励语激发学生的自信心；

◎ 用诚恳的语言打动学生，用激昂的语言激励学生。

3. 课堂训练

同桌两人，成绩都不是很好，马上要期末考试了，两人都没有什么信心。

请用激励语激励他们好好复习，争取考个好成绩。在小组里分角色扮演，然后在全班交流，看看怎样互相激励才能够取得最好的效果。在此基础上，思考教师该如何引导？同桌两人互相激励。

4. 训练评价

◎ 是否能用激励语进行思想品质的引导教育？

◎ 是否在激励中明确指出要确定榜样、付出努力并赶超榜样才有可能成功？

◎ 教育的语言是否贴近学生心理，唤起学生向上的斗志？

◆【场景二：受到打击的学生】

1. 训练目标

能用激励语激发学生的自信心，使之有努力的动力和方向。

2. 训练要领

◎ 用多种方法和技巧激发学生的自信心。

◎ 用诚恳的语言打动学生，用激昂的语言激励学生。

3. 课堂训练

王晓东外语水平相当高，英语竞赛成绩位列全市第一。他将代表学校参加全省的外语竞赛，同学和老师对他寄予厚望，他也抓紧时间，积极准备。谁知，就在比赛的时候，他突然感到头晕目眩，体力不支，勉强做完了最后几道题。成绩出来后，他大失所望，觉得没法向老师交代，就躲在家里，一连几天不上学。当同学和老师去他家看望他时，他拒绝见面。①

请模拟英语任课教师，激励这名同学。

4. 训练评价

◎ 是否能用多种方法和技巧进行思想品质的引导教育？

◎ 教育的语言是否贴近学生心理，唤起学生向上的斗志？

① 罗明东，等．教师口语技能训练教程［M］．昆明：云南大学出版社，2007：268.

三、自学拓展

（一）激励和“打鸡血”的区别

激励和“打鸡血”虽然都涉及激发人的动力和积极性，但它们有着不同的内涵和理念。激励和“打鸡血”的区别在于前者更注重长远的效果和持续性的激励作用，而后者更注重短期的效果和表面上的表现。

激励通常指的是通过肯定、鼓励、支持等手段来激发人的内在动力和积极性，促使他们更加努力地追求目标和实现自我价值。而“打鸡血”则是一种形象化的表达方式，它比喻通过某种外在的、具有刺激性的手段来激发人的动力和积极性，让他们在短时间内表现出高度亢奋和努力的状态。这种手段往往强调的是一种短期的、表面的效果，而不是长期的效应。

在教育实践中，教师应该使用激励语来教育学生，避免简单地给学生“打鸡血”。给学生“打鸡血”有以下几个方面的危害：

（1）会增加学生的压力，影响学生的心理健康

如果教师或学校过多地强调成绩和竞争，会让学生感到压力过大。这可能导致学生产生焦虑、抑郁等负面情绪，甚至会影响到他们的心理健康。

（2）会降低学生的自我价值感，破坏学生的兴趣和热情

给学生“打鸡血”，会让学生觉得自己如果没有取得好成绩，就没有价值。这会导致他们对自己的评价变得过低，甚至会产生自卑感。如果教师或学校采用不当的教学方式和方法，会让学生对学习失去兴趣和热情。这可能会导致他们对自己的未来失去信心，甚至会影响他们的人生轨迹。

（3）影响学生正常的社交关系

如果教师或学校的教育教学方式和方法不当，会让学生感到不舒适或者反感。这可能会导致他们与同学之间、与教师之间产生矛盾或者冲突，进而影响到他们的社交关系。

因此，教师应该避免简单地“打鸡血”，而应根据学生的实际情况和需要，采取适当的、可持续的措施来激发他们的动力和积极性，从而促进他们的全面发展。

（二）教师常用的激励语

对于表现优秀的学生，教师可以给予肯定和表扬，例如：“你做得很好！”“你真的很厉害！”这些话语可以增强学生的自信心和学习动力，激发他们的学习兴

趣和热情。

对于需要增强自信心的学生，教师可以鼓励他们并指出他们的优点，例如：“你可以做得更好！”“你有很多优点，要相信自己！”“我相信你的能力！”这些话语可以帮助学生增强自信心和自尊心，激发他们的内在动力。

对于遇到困难的学生，教师可以给予支持和鼓励，例如：“你可以克服困难，我相信你！”“别灰心，再试一次！”“你已经取得了很大的进步！”这些话语可以帮助学生坚定信心，克服困难和挑战。

对于表现出积极态度的学生，教师可以给予肯定和表扬，例如：“你的态度很好，继续保持！”“我很欣赏你的努力！”“我相信你能够取得更好的成绩！”这些话语可以鼓励学生继续保持积极的态度和行为。

对于需要改进学习习惯或方法的学生，教师可以给予指导和建议，例如：“你可以尝试更有效的时间管理方法！”“你可以找到更好的学习技巧来提高效率”“我相信你能够取得更好的成绩！”“你可以成为一名优秀的学生！”这些话语可以帮助学生改进学习方法和技巧，增强学习效果。

总之，教师激励语应该根据学生的不同情况，有选择地使用，以增强学生的自信心和学习动力，促进他们的全面发展。

第五节　表扬语

教师口语的表扬语，是对学生个体或群体在成长中所表现出来的良好的思想品质、言语行为给予肯定性评价的语言。由于受到身心发展的限制，学生往往缺少对自己行为的分析、判断能力，主要依赖于成人的评价来指导、控制自己的行为。表扬可以帮助学生从一个个具体的事实中，明白哪些思想品质、行为是正确的。另外，作为一种肯定性的评价，表扬满足了学生被尊重、被认可、被赞赏的需要，激起了学生愉悦的情绪体验。表扬还能培养学生欣赏他人、学习他人的良好心态。教师在教育中，能以欣赏的态度、发展的眼光去看待学生，充分运用表扬这种教育方式，必将促进学生健康成长。

一、基本理论

（一）表扬语的作用

表扬语的作用主要体现在增强学生的自信心和自尊心、激发学生的学习动力和兴趣、强化学生的良好行为习惯、增进师生之间的关系，以及促进学生全面发展等方面。表扬还能让学生更加清晰地认识自己的能力和潜力，进而激发他们在各个方面的积极性。

1. 增强学生的自信心和自尊心

表扬能够让学生感受到教师对自己的认可和肯定，从而增强自信心和自尊心。当学生在学习、生活等方面取得进步时，得到教师的表扬会让他们更有信心地前进。

2. 激发学生的学习兴趣和动力

表扬能够让学生感受到成功的喜悦，从而激发他们的学习兴趣和动力。当学生在学习上遇到困难时，教师的表扬能够让他们更有勇气去克服困难。表扬能够让学生明白自己的良好行为和表现是被认可的，从而强化他们的良好行为习惯。这有助于学生在日后的学习和生活中更好地发展。

3. 增进师生关系

表扬能够让学生感受到教师的关爱和支持，从而增进师生关系。这对于学生的学习和成长具有积极的作用。

另外，需要注意的是，表扬的方式和频率应该恰到好处，不能滥用表扬语。同时，在表扬学生时，教师也应该注意真诚性和针对性，让学生感受到教师对自己的认可和鼓励，因为不恰当的表扬可能会产生消极的影响。例如，表扬可能会被视为操控或强化的工具，如果带有功利目的，可能会适得其反。此外，不同的学生可能需要不同的鼓励方式，因此表扬需要考虑个体差异和具体情境。

（二）表扬语的基本要求

1. 态度真诚

苏霍姆林斯基说："决定教师语言效果的主要东西是教师语言中的诚意。"① 表扬应该是真诚的，要发自内心地肯定和赞美对方的优点和进步，而不是虚情假意或遮遮掩掩。只有教师真诚自然、满怀感情地表扬，加上具体场景中教师的眼神、表情、手势、动作及其他视觉材料等，才会使学生由衷地感到教师为自己的优点而高兴，为自己的进步而赞赏，从而进一步激起奋发向上的热情。

另外，表扬语应该不含批评，而应该是纯粹的赞美，不要在表扬时批评或指出对方的不足之处，否则会让对方感到不自在、产生抵触情绪，觉得教师不是真心想表扬自己，甚至会怀疑教师在控制自己。

2. 内容具体，对象准确，标准公正

表扬应该依据具体的事实进行，不能笼统地说"你很棒"或"你表现很好"，而是要具体地指出对方的优点和贡献，让对方感受到自己的努力得到了认可。

◆【案例：进步的朗读】②

于老师借上公开课的时机，请一名叫何超的同学朗读课文。何超不是丢字就是添字，不是读错就是把句子读断。但他不怕错、不气馁，当着许多听课老师的面，竭尽全力地去捕捉每个字，并大声地念出来，在于老师的指导下，何超终于读完了课文。

于老师真诚地说："何超，你真是好样的，有了这种顽强的精神，何愁超不过别人哪！"

课间，何超坐在位子上，一字一字地大声读课文，于老师劝他"放松放松"，他说："我要好好读。"第二节课，于老师又给了他一次朗读的机会，他竟然流畅地读完了。

（有改动）

① 魏智渊．苏霍姆林斯基教育学：下［M］．桂林：漓江出版社，2014：304.
② 于永正．教海漫记［M］．徐州：中国矿业大学出版社，1999：144-145.

表扬的对象应该准确，即是某一个人还是罗列具体姓名的一群人。表扬的标准应该是公正且一致的，不能因人而异、因事而异，更不能，对于同一件事，昨天表扬，而今天批评，如此反复无常，会让学生无所适从，甚至焦虑。

◆【案例：因被表扬而遭受奚落】①

班长告诉老师，一名女生将总务室门前的垃圾打扫干净了，还经常自觉地到女生浴室去清理污水，据此，老师便在班上对该生进行了公开表扬。想不到事后受表扬者却受到了其他女生的攻击，说她“抢功”“搞假”。她本人也情绪低落，精神不振，停止了去浴室做好事的行动。原来，那些事是她和另一名女生一起干的，而老师只表扬了她一个人。

3. 及时表扬

及时表扬能发挥表扬的最大功效。尤其是学生乐于表现自己，在取得成绩或做了好事后，渴望得到他人肯定和认可的心理需求比较强烈。教师在这样的期待下，对他的行为结果予以及时的表扬，有助于强化他积极进取的动机。时过境迁再择机表扬，被表扬者往往少了激动，甚至带着一点小失落。因此，教师应当注意观察，及时发现学生的每一个优点、每一个进步，并适时地予以表扬和鼓励，使这些优点和进步在最佳的时机得到保持和提升。

4. 适当创新

表扬的语言不应该总是千篇一律的“很好”“很棒”等空洞的语言，而是要结合具体情况，用新颖、有趣的语言来表达对对方的赞赏和肯定。

表扬的形式和方式也可以创新，除了言语赞扬外，物质奖励、行为认可等都可以。

◆【案例：积分卡制度在初中班级管理中的应用】②

班主任统一发放原始积分卡，制定班规，且保证每条班规都有积分奖惩与之对应。比如：

（1）课间操期间能够认真遵守纪律，不随意掉队的可以得 2 分；

（2）按时到校并完成班主任要求的早读内容的可以获得 1 分；

（3）在课堂上能够积极踊跃回答问题的学生奖励 3 分，当然会限定人数，有时候问题的难度较大，则可以适当提高奖励分数 1—2 分。

---

① 罗明东，等．教师口语技能训练教程 [M]. 昆明：云南大学出版社，2007：268.

② 田芬．积分卡制度在初中班级管理中的应用实践探究 [C] // 广东省教师继续教育学会．广东省教师继续教育学会第六届教学研讨会论文集（三）．广州：[出版者不详].2023：184–188.

（4）考试成绩优异的学生也能够得到奖励，且根据分数档次的不同给予不同的奖励，如 90—100 分，奖励 10 分；80—89 分，奖励 5 分等。

（5）对对班级有贡献的学生给予特殊奖励，如代表班级参与校内或者校外的竞赛活动并得奖者给予分数奖励，最高不得超过 20 分，最低不得低于 5 分。

…… ……

同时，班主任也会在管理班级的过程中监督学生的行为，对于表现恶劣的学生可以随时行使减分权利。

每个小组都会选出积分组长，负责统计组内学生的积分分数，发放相应的奖励，如一周内总分数最高的学生，可以兑换一张“星星卡”，总分第二的学生可以兑换一张“月亮卡”，总分第三的学生可以兑换一张“太阳卡”。

学生可以将积分卡应用到如下情况：

（1）一张星星卡可以和班主任兑换一次免做作业的机会；

（2）一张月亮卡可以和家长兑换一次看半小时电视的机会；

（3）一张太阳卡则可以和班主任兑换一次迟到免惩罚的机会。

学生之间的积分不得相互交换，所有积分卡兑换之前都需要获得班主任的签名同意，兑换之后，积分卡清零，重新开始积累。没有兑换的学生则需要满足兑换条件才可以进行兑换。每个季度开展一次以探讨所有学生的积分情况为主题的班会，分析积分高和积分低的学生得分情况，讨论如何帮助学生得到更多积分等。每个学期都会评选出积分最高的学生，给予奖状奖励，学校则会综合整个年级学生的积分情况，评选出最佳班级。

（有改动）

除了上述的积分卡制度外，还有许多其他的卓越教师表扬学生的案例，例如写表扬信、颁发奖状、奖励书籍等。这些案例都表明了教师们为了提高学生们的自信心和学习动力，积极探索不同表扬方式，达到了更好的教育效果。

（三）表扬学生的方法

1. 直接式表扬

直接式表扬是指教师直接对学生的行为或成就给予赞扬和鼓励。这种表扬方式通常通过口头的形式进行，例如赞扬、鼓励、赞美的话语等。直接式表扬的目的在于及时、直接地传递对学生的认可和鼓励，以增强其自信心和学习动力。

教师对学生的直接式表扬通常包含以下四个方面：

（1）明确指出被表扬的内容

例如，“你在这次考试中取得了很好的成绩，特别是在数学方面，我很为你感到骄傲”。

（2）针对具体行为或成果进行表扬

例如，“你的作业完成得非常认真，书写工整，看得出你付出了很多努力”。

（3）将表扬与学生的个人品质联系起来

例如，“你乐于助人，总是愿意帮助同学，这让我很感动，你是一个善良、有爱心的孩子”。

（4）鼓励学生尝试新事物

例如，“你在这次演讲比赛中勇敢地挑战了自己，你的表现非常出色，我相信你还有很多潜力等待挖掘”。

需要注意的是，对学生的直接式表扬要适度、真诚，避免过度表扬导致学生产生依赖。同时，表扬要针对具体行为和成果，让学生知道哪些方面做得好，以便继续保持和提升。

2. 引导式表扬

引导式表扬是一种有针对性的、能够帮助学生认识自己优点和增强自信心的表扬方式。引导式表扬更注重具体、客观地描述学生的优点和成就，从而让学生更加清楚地了解自己的长处，激发他们继续努力的动力。引导式表扬具有以下特点：

（1）具体描述

当学生完成一项任务或取得进步时，教师可以具体描述他们的表现。例如，“你在这次作业中使用了很多生动的例子，让文章更有说服力”。这样的表扬可以让学生明确自己哪些方面做得好，从而增强自信心。

（2）强调努力

引导式表扬应强调学生的努力过程，而不仅仅是结果。例如，“你在这次考试中取得了好成绩，是因为你付出了很多努力和时间进行复习”。这样的表扬可以帮助学生认识到努力的重要性，增强他们继续努力的动力。

（3）关注进步

教师可以关注学生的进步，给予表扬和鼓励。例如，“相比于上次的作业，你在这次作业中取得了很大的进步，继续加油！”这样的表扬可以让学生感受到自己的成长，增强自信心。

（4）提出期望

引导式表扬可以结合教师对学生的期望，帮助学生树立更高的目标。例如，“你在这次比赛中表现出色，我相信你还能在其他比赛中取得更好的成绩”。这样的表扬可以激发学生的斗志，鼓励他们追求更高的成就。

总之，引导式表扬在教育教学中可以帮助学生认识自己的优点和潜力，增强自信心和自尊心，让他们继续努力。同时，引导式表扬也有助于建立良好的师生关系，提高教育质量和效果。

3. 激将式表扬

激将式表扬是一种通过激发学生的竞争意识和好胜心，以达到增强学生积极性、自信心和成就感的表扬方式。激将式表扬通常采用一些具有挑战性和竞争性的表扬语句，让学生在一种积极的氛围中感受到进步的快乐和成功的喜悦。

在教育实践中，有的教师会向学生提出具有挑战性的目标，以激发他们的好胜心。例如，“我敢打赌，如果你在下次考试中努力复习，你一定能够提高 10 分”。有的教师会利用学生的竞争意识，通过表扬来激发他们追求进步。例如，“小明在这次比赛中取得了好成绩，我相信你也能取得同样优秀的成绩，甚至超过他”。还有的教师会肯定学生的潜力，让他们相信自己有能力实现目标。例如，“你的成绩一直在稳步提升，我相信你一定能够成为班级的前三名”。

需要注意的是，激将式表扬要适度，过多或过于强烈的激将式表扬可能会让学生压力过大、产生焦虑等负面情绪，影响他们的身心健康。同时，教师在运用激将式表扬时，要根据学生的性格、兴趣和能力进行有针对性的表扬，以达到最佳效果。

二、技能训练

◆【场景一：互相赞美】

1. 训练目标

及时发现他人身上的“闪光点”，及时表扬。

2. 训练要领

◎ 能够发现他人的“闪光点”；

◎ 表扬语要真诚、热情洋溢，恰当地使用表扬技巧。

3. 课堂训练

所有人自由组合，以两人为一组，彼此真诚地赞美对方。表扬要真诚、真实、自然、具体、发自内心。

4. 训练评价

◎ 是否及时找到他人的“闪光点”？

◎ 是否给予对方有针对性的表扬与鼓励?

◎ 表扬语是否恰当，是否能面对表扬对象进行眼神、表情的交流？

◆【场景二：富有同情心的同学】

1. 训练目标

及时表扬，不仅能鼓舞当事人，还能激发多数人进步的欲望。

2. 训练要领

◎ 表扬内容具体，从细微处入手；
◎ 使被表扬的人受到鼓舞，且不会引起其他人的不满。

3. 课堂训练

王磊是班上有名的“足球先生”，每天早上上学前都要到校园里踢足球，上课时不认真听讲，还打瞌睡，同学们都不愿意跟他坐在一起。他认为大家看不起他，所以自暴自弃，集体活动也不参加。

有一次，班里有一位同学的家长出了车祸，班干部组织同学们到该生家里探望，发现这个同学家里十分困难。王磊听说后，就把自己过年时家长给的 100 元压岁钱捐给了这位同学。①

作为班主任的你知道了这件事后，准备在班上对王磊进行公开表扬，请你设计一段表扬语。

4. 训练评价

◎ 是否给予当事人有针对性的表扬和鼓励？
◎ 是否能消除大家对当事人的一些误解？
◎ 表扬语和表扬的方式是否恰当，是否能使大多数人信服？

三、自学拓展

（一）表扬语与激励语的区别

表扬语和激励语之间的区别在于侧重点和意图。表扬语通常是为了肯定和赞扬某个人的行为或表现，如“你做得很好”“你真优秀”等。这种语言可以增强被表扬者的自信心和自尊心，提高其积极性。

激励语的主要目的是激发人的潜能，鼓励他们去尝试、去努力，如“你可以做到的”“再试试，你还有机会”等。这种语言可以帮助被激励者树立信心，鼓舞他们面对挑战。

① 罗明东，等 . 教师口语技能训练教程［M］. 昆明：云南大学出版社，2007：272.

简单来说，表扬侧重于结果，激励侧重于过程。两者在恰当使用的情况下，都能给人带来积极的影响。

（二）强化与表扬的关系

强化是一个心理学术语，指的是通过某种方式增加某种行为出现频率的过程。在心理学中，强化被视为行为改变的一种重要机制，它可以帮助人们学习新的行为模式，或者巩固和加强已经学到的行为模式。强化可以分为积极强化和消极强化两种类型。积极强化是通过给予某种奖励或者赞扬来增加某种行为的频率，如给予表扬、奖励、晋升等。消极强化则是通过取消不愉快的刺激来提高某种行为的频率，如停止批评、减少任务等。因此，表扬其实是一种积极的强化方式，可以帮助学生增强自信心和学习动力。但是，在使用表扬时，需要考虑个体差异和具体情境，不能生搬硬套。

（三）不要让“表扬”变为“捧杀”

李红是少先队中队长，不仅学习好，工作还很出色，时常受到班主任王老师的表扬，并深得同学、老师的信任。可是不知从什么时候开始，李红的工作能力平平，人也失去了以往的开朗和干练。王老师想，也许是李红需要鼓励和鞭策了，于是表扬得更勤，规格也更高了，直到有一天，李红对王老师说：“请您不要再当众表扬我了。”王老师感到奇怪：“不表扬你，难道你愿意听我批评不成？”李红为难地说：“您总表扬我，别的同学都不理我了。”原来，王老师对这个中队长过度赏识，而忽视了其他班干部的作用。有的同学就对李红说，我们干得再好王老师也看不见，以后有什么事你就自己干吧！也有的同学说李红就会自己逞能。王老师万万没有想到对李红的表扬却把她孤立了起来，挫伤了更多学生的积极性。①

教师运用表扬语，应着眼全局，面向全体学生。教师既要重视对优秀学生的先进思想和模范行为进行表扬，激励他们不断进步，以树立学习榜样；也要重视对学困生的长处和进步进行表扬，以鼓励他们发扬长处，努力进取；还应该看到中等成绩学生的潜力和进步。

① 关颖．表扬孩子的必要性、科学性、艺术性［J］．少年儿童研究，2003(10)：10–12．

第六节　批评语

教育口语中的批评语，是一种对他人的行为、言论或作品进行评价的言语表达，通常包含对事物的正面和负面评价，旨在指出问题、提出建议和改进措施。“长善救失”是教育的原则之一，批评是“救失”的有效手段。

一、基本理论

（一）批评语的作用

1. 促进学生的改进和成长

通过批评，可以指出学生的错误和不足之处，提升学生自我反思和改正错误的积极性，促进他们的个人成长和发展。批评的作用在于通过对学生的缺点、错误的否定，有意识地激起他们的自责和内疚，促使他们省悟和悔过，并持续努力克服这些缺点和错误，以达到教育的目的。

2. 促进班集体的进步

批评是一种重要的反馈机制，当学生意识到自己的不足时，他们会更加努力地学习和改进，以期望在下一次考核中获得更好的成绩。这种竞争意识和进取心可以推动整个班集体不断进步。此外，批评还可以促进班集体之间的合作和交流。当学生接受批评时，他们可以相互讨论和分享彼此的经验和见解，从而更加深入地理解问题并找到更好的解决方案。这种合作和交流可以加强班集体中个体之间的凝聚力和信任感，为班集体的进步创造更好的氛围。

批评的作用是双重的，它可以作为一种激励手段来使用，也可以作为一种消极的方式来表达不满和攻击他人。在教育实践中，学生对于批评常常表现出反感。要学生心服口服地接受教师的批评，并不是一件容易的事。因此，在教育教学过程中，教师需要掌握批评的原则和技巧，以充分发挥批评的积极作用，避免批评的消极影响。

（二）批评学生的基本原则

1. 客观公正，有理有节，恰当有度

批评语应以事实为基础，避免个人情感和主观偏见的影响，尽量做到公正、客观和全面。

◆【案例：抢帽子】[1]

两个同学在课堂上抢帽子。

教师点了一个同学的名，说："你为什么扰乱课堂秩序？"

学生说："他抢我帽子。"

教师问："他为什么只抢你的帽子，而不抢别人的帽子？"

学生反问："你为什么只批评我？"

结果，教师的批评教育出现了僵局。

（有改动）

2. 善意真诚、突出重点，多肯定、少否定

批评语要针对事物的关键问题进行评价，明确指出问题的所在，以便于被批评者的理解和改进。

◆【案例：借分数】[2]

一次期中考试，有一个学生的语文只考了57分，他不敢把试卷拿回家，怕被家人责骂。万般无奈之下，他只好向语文老师求情："老师，能不能少扣几分？"语文老师想了想，笑着说道："少扣不行，这样吧，老师借你5分，不过下不为例噢。这下你敢回家了吧？"学生感激地看看语文老师，双手捧着改过分数的试卷回家了。这以后，他整个人都变了，学习非常刻苦。下一次语文考试时，他得了87分。于是，他又去找语文老师，说："老师，我还您5分。"语文老师望着他天真的样子，开心地笑了。

（有改动）

3. 提出建议，措辞得体，因人而异

批评语中可以提出有针对性的建议和改进措施，帮助被批评者更好地解决问题和提高自身能力。批评语要尽量使用礼貌、尊重的措辞，避免伤害被批评者的情感和自尊心，以便建立良好的沟通氛围和互信关系。

（三）批评学生的方法

1. 直接式批评

直接式批评是指直接指出问题或错误，并对其进行否定的一种批评方式。直接式批评通常有以下几个特点：

① 罗明东，等．教师口语技能训练教程［M］．昆明：云南大学出版社，2007：271.
② 张全喜．名师批评艺术谈［J］．教学与管理（小学版），2002(3)：21.

（1）直接点明问题或错误

通过直接指出问题或错误，让被批评者明确知道自己的不足或错误之处，以便及时纠正错误。

（2）摆出事实或数据

为了使批评更有说服力，直接式批评常常摆出事实或数据来证明被批评者的错误或不足，从而使其认识到问题的严重性。

（3）直接给出解决方案

在批评的同时，直接式批评也常常给出解决问题的方案或建议，让被批评者知道如何去改正错误或提高效率。

◆【案例：同一件事两种批评】①

某校学年组的老师和三年级的孩子们乘上一辆新的客车去郊游。一出城，孩子们就被春日的田野风光陶醉了。一个女孩简直高兴得忘乎所以，竟解开安全带，把身子斜向车外贪婪地观赏起那五颜六色的野花。客车一个急转弯，差点把她甩下车去。

这时，王老师吓出了一身冷汗，在后边冲着那个女孩气势汹汹地吼起来："你怎么搞的？多危险啊！叫值周老师看见给咱班纪律减分，你能负起责任吗？"

女孩回头狠狠地瞪了他一眼，仍斜着身子照看风景不误。这位老师气坏了，想好好批评她一顿。

大队辅导员先一步温和地对女孩说："小兰，怎么搞的？太危险了，差点吓死我！快回过身来，系上安全带。"

女孩感激地一笑，立刻回过身来，愉快地与小伙伴聊起天来。

（有改动）

直接式批评的优点在于能够迅速指出问题或错误，促使被批评者正视自己的不足并积极改正。但是，这种批评方式也容易造成被批评者的心理压力和抵触情绪，特别是对于一些性格比较内向或自卑的人来说，可能会加重他们的负面情绪。有的学生可能比较敏感，需要教师更加温和、委婉地进行批评；而有些学生可能比较顽固，需要教师更加明确、坚定地进行批评才能产生效果。

2. 诙谐寓意式批评

诙谐寓意式批评是一种以幽默、诙谐的方式指出他人错误或不足之处的批评方式。它通过寓言、比喻、夸张等修辞手法，将严肃的批评以轻松、有趣的形式

① 李景生. 教师口语训练教程［M］. 济南：山东人民出版社，2015：316.

展现出来，以达到提醒、警示和纠正错误的目的。

◆【案例：两次课堂朗读】[①]

学了“我初见草塘” 一段，我鼓励学生道：“那里的景色真是太美了，谁能通过有感情的朗读，将大家一起带进大草塘里，亲身领略一下它的美丽呢？”

第一个学生读得很出色，我点点头，说：“嗯，确实让人有身临其境的感觉。”可是第二个学生读得很不理想，怎么办呢？开门见山地向他指出不足之处吧，他刚才可是踊跃举手发言的，我可不能伤了他的自信心。

忽然，我灵机一动，笑着对他说：“我们刚想要好好地欣赏一下草塘美景，可你不小心把大家带出来了。过一会儿重新送大家进去，好吗？”他会意了，略显害羞地笑了笑，坐下后认真地听别人朗读。

过了片刻，他又举手朗读，果然不负众望，重把我们“带”进了草塘。

（有改动）

3. 以扬代抑式批评

以扬代抑式批评是一种通过表扬对方优点，间接地提醒对方注意自己不足之处的批评方式。这种批评方法注重发掘对方的长处，以积极的态度来引导对方认识到自己的问题，并激发他们自我改进，调动内驱力。在教育实践中，以扬代抑式批评具有以下几个特点：

（1）肯定对方的优点

对对方在某方面取得的成绩或表现给予充分的肯定和表扬，让对方对自己有一个正面的评价。

（2）引导自我反思

通过与对方进行沟通和交流，引导他们认识到自己的问题，并激发他们自我反思、改进的意识。

（3）提出改进建议，甚至提供帮助和支持

在对方处于较为愉悦的心情状态下，提出对方在某方面可能存在的问题或不足，使其更容易接受批评。表示愿意为对方提供帮助和支持，鼓励对方积极改进。

◆【案例：不注意听讲的学生】[②]

学生不注意听讲，教师这样说：“你读书的神情特别专注，这说明你十分喜欢学习。但你的成绩提高不是很快，你想过这是为什么吗？有时不注意听讲，知识

① 沈建新．课堂机智例析［J］．当代教育科学，2003 (14): 40.
② 林越．左手赏识，右手批评［M］．北京：北京理工大学出版社，2011: 166–167.

就会悄悄从你身边溜走，这多可惜啊！我相信，只要上课认真听讲，在新的学期，你的学习成绩将有新的起色。”

（有改动）

二、技能训练

◆【场景一：更正有误的批评语】

1. 训练目标

能判断哪些批评语是教师不能使用的，且明确其中存在的问题。能根据具体情境，使用恰当的、学生可接受的批评语。

2. 训练要领

◎ 通过批评语，指出学生的行为不当之处；

◎ 批评语要恰当，措辞要得体。

3. 课堂训练

请指出下列批评语的错误并设计正确的批评语言：

“你真是个大笨蛋！是块朽木！”

“瞧你那个德性，不做作业、爱讲小话，一脑子坏水！”

“你多聪明呀，你比华罗庚、爱因斯坦还高明。”

“就你问题多、事多，有空多念点书比什么都好！”

4. 训练评价

◎ 是否用合适的批评语进行有针对性的教育？

◎ 是否在批评中明确指出上述四种情境中学生的不当之处？

◎ 是否能以情感人且提出恰当的建议？

◆【场景二：擅自更改教师的评价】

1. 训练目标

能够用以扬代抑式批评对学生的错误行为进行有针对性的批评教育，达到教育转化目的。

2. 训练要领

◎ 发现学生身上的闪光点，同时也能通过恰当的方式指出学生行为的不当之处；

◎ 批评的语言要具体，考虑学生的心理变化。

3. 课堂训练

请分小组讨论这个例子，设计教师的批评语。

班上有一个非常敏感、胆小的女生，因为她未完成到老师那里背诵英语课文的任务，担心受到父母的责怪，就自己在书上仿照老师的笔迹写上“A+”，回家后瞒过了父母。可她心里总是忐忑不安，最后还是鼓起勇气向父母承认了错误，而父母对此很生气。于是她把这件事写在了日记上。日记的最后一句是：“不知老师知道后会不会批评我？”①

（有改动）

4. 训练评价

◎ 是否能用合理的以扬代抑式批评进行有针对性的教育？

◎ 是否在批评中明确指出该女生的不当行为？

◎ 批评语是否得当，而不伤到学生的自尊心？

三、自学拓展

（一）个别批评与公开批评的方式怎么选？

个别批评和公开批评的选择要根据具体情况和目的来决定。

1. 考虑批评的影响范围

个别批评通常只会影响到被批评者和批评者本人，而公开批评可能会影响到更多的人。教师根据希望影响的范围来选择适当的批评方式。

2. 考虑被批评者的性格和承受能力

对于自尊心较强、容易受到打击的学生，可以选择个别批评，以保护对方的自尊心；对于性格开朗、承受能力较强的学生，可以选择公开批评，但要注意措辞，避免过于尖锐。

3. 考虑问题的性质

对于涉及学生隐私或者敏感问题的批评，应选择个别批评，避免公开批评引发不必要的误会或纷争；对于涉及团队协作、公共道德等问题的批评，可以选择公开批评，以提高大家的认识水平。

① 罗明东，崔梅，单春樱，等. 教师口语训练教程[M]. 昆明：云南大学出版社，2017：211.

4. 考虑批评的目的

如果希望通过批评来纠正被批评者的错误行为，可以选择个别批评，以便有针对性地解决问题；如果希望通过批评来警示他人并提高整个班级的执行力，可以选择公开批评。

5. 考虑批评的时机

如果情况紧急，需要立即纠正错误，则可以选择公开批评；如果情况允许，则可以选择个别批评，以便给被批评者充分的时间和空间进行反思和改进。

无论采取哪种批评方式，都要注意尊重对方，用诚恳、友好的态度进行沟通，以便对方能够接受批评并积极改进。

（二）表扬与批评的关系

强化可以分为积极强化和消极强化，表扬是一种积极强化。批评则是通过指出某种行为的不足或错误之处，以降低该行为的出现频率和强度，即批评是一种消极强化。

虽然表扬和批评都是塑造和引导行为的重要手段，但它们的作用机制并不完全相同。表扬更侧重于通过奖励来增加行为的出现频率和强度，而批评则更侧重于通过指出错误来减少行为的出现频率和强度。在实际应用中，应该根据具体情况选择合适的手段来塑造和引导行为。在某些情况下，可能需要同时使用表扬和批评来达到不同的目的，例如，在表扬优点的同时也要指出不足之处。

总之，表扬和批评都是塑造和引导行为的重要手段，它们之间的关系不是简单的包含或替代关系，而是相互补充、相互促进的关系。

（三）因人而异的批评艺术

批评是一种艺术，需要掌握一定的技巧和原则。在教育实践中，教师应该根据不同人的性格、特点、背景等情况，采取因人而异的批评方法，以达到最佳的引导和教育效果。

1. 针对不同性格特点进行批评

针对学生没有仔细审题的情况，教师可以对性格开朗、待人大方的同学说："你一直以来都是个认真的人，这次的事情是个意外，以后多注意就行了。"但要对比较内向、敏感的同学说："这件事情你也别太往心里去，人无完人，每个人都会犯错。只要吸取教训，以后就能做得更好。"对于同样的问题，针对不同性格的学生，要使用不同的表达方式。

2. 批评时，允许学生辩解

部分成年人认为孩子犯了错还辩解是推卸责任的表现，所以他们不允许孩子辩解，甚至会采用更强势的态度来批评孩子。在生活中，孩子犯错的原因是多种多样的，有的是孩子主观方面的失误造成的，但有时是不以孩子意志为转移的客观原因造成的。从主观方面来说，有可能是有意为之，也可能是无心所致；有可能是态度问题，也可能是能力不足；等等。因此，教师需要把话语权还给学生，让学生拥有平等对话的权利。教师需要耐心地弄清楚事情的原委、学生的动机等。①

在现实生活中，有的学生做出解释是为了推卸责任，逃避处罚。推卸责任不单单是孩子会有的行为，成年人也会想一些借口来逃避责任。逃避责任的心理来源于对批评的恐惧，也就是不希望自己被否定。当学生以谎言来隐瞒事实真相时，教师就要探究根源，找出原因，引导学生放下心理负担，对自己的所作所为真正负起责任，协助学生建立正确的处世态度和价值观。

总之，因人而异的批评需要考虑到不同学生的性格、优点，问题的性质及场合等多种因素，以达到最佳的引导和教育效果。

① 林越．左手赏识，右手批评［M］．北京：北京理工大学出版社，2011：169-172.

思维导图

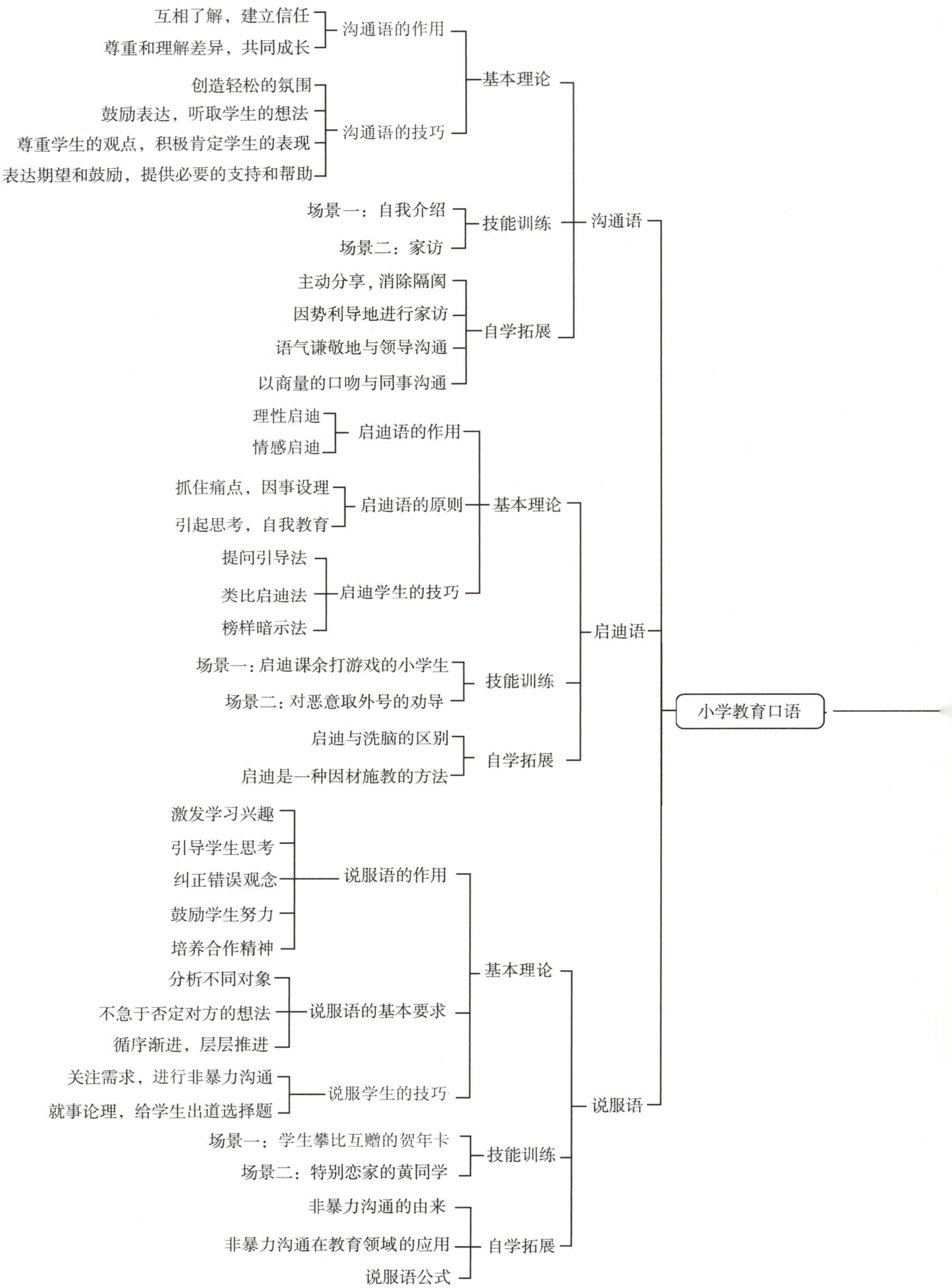
小学教育口语
沟通语
基本理论
沟通语的作用
互相了解，建立信任
尊重和理解差异，共同成长
沟通语的技巧
创造轻松的氛围
鼓励表达，听取学生的想法
尊重学生的观点，积极肯定学生的表现
表达期望和鼓励，提供必要的支持和帮助
技能训练
场景一：自我介绍
场景二：家访
自学拓展
主动分享，消除隔阂
因势利导地进行家访
语气谦敬地与领导沟通
以商量的口吻与同事沟通
启迪语
基本理论
启迪语的作用
理性启迪
情感启迪
启迪语的原则
抓住痛点，因事设理
引起思考，自我教育
启迪学生的技巧
提问引导法
类比启迪法
榜样暗示法
技能训练
场景一：启迪课余打游戏的小学生
场景二：对恶意取外号的劝导
自学拓展
启迪与洗脑的区别
启迪是一种因材施教的方法
说服语
基本理论
说服语的作用
激发学习兴趣
引导学生思考
纠正错误观念
鼓励学生努力
培养合作精神
说服语的基本要求
分析不同对象
不急于否定对方的想法
循序渐进，层层推进
说服学生的技巧
关注需求，进行非暴力沟通
就事论理，给学生出道选择题
技能训练
场景一：学生攀比互赠的贺年卡
场景二：特别恋家的黄同学
自学拓展
非暴力沟通的由来
非暴力沟通在教育领域的应用
说服语公式

- 小学教育口语
  - 激励语
    - 基本理论
      - 激励语的作用
        - 增强自信心和自我价值感
        - 激发积极性和主动性
        - 增强责任感和使命感
        - 推动个人、班级和团队发展
      - 激励语的基本要求
        - 了解学生的需求和兴趣
        - 给予学生正面激励和鼓励
        - 引导学生认识自己的潜力和优势
      - 激励学生常用的技巧
        - 正向激励
        - 荣誉激励法
        - 用恰当的体态语增强激励效果
    - 技能训练
      - 场景一：期末前的同桌互相激励
      - 场景二：受到打击的学生
    - 自学拓展
      - 激励和“打鸡血”的区别
      - 教师常用的激励语
  - 表扬语
    - 基本理论
      - 表扬语的作用
        - 增强学生的自信心和自尊心
        - 激发学生的学习兴趣和动力
        - 增进师生关系
      - 表扬语的基本要求
        - 态度真诚
        - 内容具体，对象准确，标准公正
        - 及时表扬
        - 适当创新
      - 表扬学生的方法
        - 直接式表扬
        - 引导式表扬
        - 激将式表扬
    - 技能训练
      - 场景一：互相赞美
      - 场景二：富有同情心的同学
    - 自学拓展
      - 表扬语与激励语的区别
      - 强化与表扬的关系
      - 不要让“表扬”变为“捧杀”
  - 批评语
    - 基本理论
      - 批评语的作用
        - 促进学生的改进和成长
        - 促进班集体的进步
      - 批评学生的基本原则
        - 客观公正，有理有据，恰当有度
        - 善意真诚，突出重点，多肯定、少否定
        - 提出建议，措辞得体，因人而异
      - 批评学生的方法
        - 直接式批评
        - 诙谐寓意式批评
        - 以扬代抑式批评
    - 技能训练
      - 场景一：更正有误的批评语
      - 场景二：擅自更改教师的评价
    - 自学拓展
      - 个别批评与公开批评的方式怎么选？
      - 表扬与批评的关系
      - 因人而异的批评艺术

第四章

课堂教学环节语

本章主要以“理论 + 案例 + 实练”的形式开展，用真实案例帮助学生理解理论知识，将理论内化，在此基础上，通过“三步练”的形式（观察记录—评价分析—语言设计）将理论运用到实际，以提高对课堂教学环节语的设计能力。

课堂教学语言是指在课堂上，教师通过“教”与学生的“学”进行互动，然后引导学生系统地学习文化知识，掌握基本技能，发展理性思维，同时陶冶学生的思想品德，培养学生认识与感受美的能力，并逐渐发展学生个性的活动过程。[①] 我国《义务教育课程方案（2022 年版）》中明确指出为落实培养目标，要遵循“聚焦核心素养，面向未来”的基本原则，要求教师教授知识要关注学生的实际生活经验，走学习与生活相融合的课堂教学途径。[②] 数学语言是表达数学思想的重要载体。小学生理解和学习数学的过程实际上是一种数学思维活动，而语言交际是这种思维活动的重要构成部分。苏霍姆林斯基曾经说过：“教师的语言修养在极大的程度上决定着学生在课堂上的脑力劳动的效率。”[③] 因此，教师语言在课堂教学过程中发挥着重要作用，是教师启发学生思考的重要手段，教学语言运用能力的差异影响着课堂教学效果。

① 谈振华. 课堂教学理论读本［M］. 北京：北京社会科学文献出版社，2000:33−54.

② 中华人民共和国教育部 . 义务教育课程方案（2022 年版）［M］. 北京：北京师范大学出版社，2022：4−5.

③ 转引自杨小静 . 语言：教师的无尽魅力［J］. 科学咨询，2013(2):57−58.

第一节　课堂教学环节语概述

1. 课堂教学环节语的概念

课堂教学语言穿插于课堂教学活动的各个环节中。课堂教学活动通常包括导课、讲解、结课三个基本环节。为了激发学生的学习兴趣，引导学生主动思考，达到课程标准所要求的课程目标和培养目标，教师应在课堂教学过程中贯穿提问环节。（图 4–1）

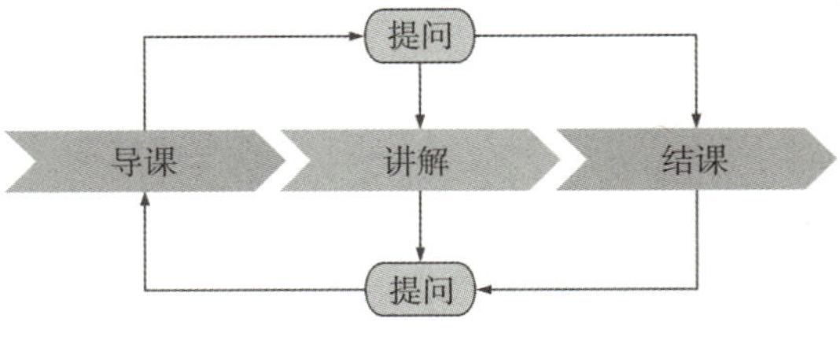

图 4–1　课堂教学环节示意图

导课是课堂教学的第一个环节，需要起到吸引学生注意力、激发学生学习兴趣、渗透新课主题的作用；讲解是课堂教学中最主要的环节，它关系到教学目标的达成和知识传输的效果，也是帮助学生从未知逐步走向已知的最为关键的一个环节；结课是课堂教学过程中的最后一个环节，起到归纳总结本次课所学、强调教学重难点、启发学生深层次思考或拓展知识的作用。在整个课堂教学过程中，提问是启发学生思考、检测学习效果、让学生进行自我展示和增强学习自信的机会。基于此，小学课堂教学环节语由导课语、讲解语、提问语和结课语四种用于不同教学环节的教学语言构成。

2. 课堂教学环节语的性质

课堂教学环节语具有普遍性和特殊性两个方面的性质。普遍性是指课堂教学环节语属于教师职业语言的范畴，同时也属于口语范畴，因此，应按照我国《教师专业标准》要求使用标准普通话。在表达过程中，需要注意口语表达要通俗易懂，不可将书面语直接运用在口语中，这样会使学生在学习过程中感到困难和疲倦。特殊性是指课堂教学环节语有特定的教学对象，以特定教材为依据，为了实现特定教学目标，按照一定的教学规律和教学方法进行设计的。

3. 课堂教学环节语的特点

许迅在《教师教学语言的"学科"表达维度》中指出，教学语言是教师与学生互动的桥梁。[①] 教师若要加强学生对教学内容的掌握，对学科特征的理解，就要在课堂教学中注意自身教学语言的运用，要做到用教学语言恰当地体现学科特点，引导学生在学习中体会教学语言的学科特征。教师在课堂教学中，要从教学语言的准确度、广度、深度做好渗透。因此，课堂教学环节语具有以下特点。

（1）规范性

课堂教学环节语是教师语言的一部分，教师要用普通话进行教学。《中华人民共和国国家通用语言文字法》第十条规定："学校及其他教育机构以普通话和规范汉字为基本的教育教学用语用字。"普通话是教师的职业语言，教师要能说一口标准、流利的普通话，这是教师从事教育工作的基础能力。在小学教学中，教师不但要用标准的普通话答疑解惑，而且教师的语言还对学生起着榜样和示范作用，教师的普通话水平直接影响小学生的语言规范程度。在我国，小学教师须取得普通话二级乙等及以上等级的证书才能通过教师职业资格认证，小学语文学科教师则需要取得普通话二级甲等及以上等级的证书方能任教。

（2）严谨性

在课堂教学过程中需要保证教学语言的准确性，这是课堂教学环节语表达的基本要求。无论是语言类学科还是非语言类学科，教师都需要注重自己的语言表达，不可以出现语言表达模棱两可、语法错误、吐字归音不标准等情况，如数学老师教学时将"除""整除""除以"混为一谈；语文教师说一口地方口音浓重的普通话等。这都严重影响学生在语言表达、学科思维训练等方面的成长。

（3）形象性

教师需要在教学过程中注意教学语言的形象性，正确使用叙述、描述、议论、说明、抒情等类型的课堂教学语言，丰富教学内容，创造形象生动的情境，帮助学生理解、掌握各类抽象事物、词语、概念、定理等。如以《牛郎织女》教学为例，这篇文章是具有代表性的民俗传说，但传说离学生生活实际较远，因此，教师可以使用比喻、比拟等手法对"牛郎""织女"的形象进行描述，通过启发式的、有趣的话语来引起学生的学习兴趣，利用质朴淳厚的民俗风情、神奇美妙的童话、充满趣味的故事题材，激起学生无尽的好奇心与憧憬，进而达到教学目标。[②]

（4）启发性

课程标准明确要求教师在课堂教学过程中注重启发式教学，充分引导学生进

① 许迅．教师教学语言的"学科"表达维度［J］，教育理论与实践，2018(17)：57–59.

② 韦丽．教师语言艺术在小学语文课堂中的运用策略［C］//.［作者不详］. 对接京津：新的时代 基础教育会议．廊坊：［出版者不详］，2022：1645–1647.

行思考。在新一轮基础教育课程改革的背景下，学生是学习的主体，教师要充分发挥主导作用，调动学生学习主动性，引导他们独立思考，积极探索，灵活地学习。为了有效促进学生学习方式的转变，教师要使用灵活的、富有启发性的教学语言启迪学生，调动学生的学习兴趣并使其积极参与学习。教师要运用有启发性的语言帮助学生思考，留给学生思考的空间，循循善诱，适时点拨，引导学生主动思考，帮助学生更为深入地探索知识。①

4. 课堂教学环节语的作用

使用课堂教学环节语是教师面向学生传授知识，启发学生思考，引导学生主动探索的重要手段。教师在课堂教学中语言运用水平的高低，直接影响教学质量的高低，对整堂课的教学起着重要作用。

（1）保证课堂教学效果

教师在教学过程中使用有效的环节语能够激发学生的学习兴趣，创建情境，激发学生的创造性，方便学生领悟学习内容，使课堂教学效果得到保证。

在学习组曲《上学了》一课时，教师设计了欣赏《早早起》的教学活动——聆听音乐，想象情境。为了更好地让学生理解音乐的情境，教师以“清晨”为主题进行教学问题语设计：“请你结合上学的生活情境，想一想这段音乐表现的更像是一天中的什么时候？你想到了怎样的画面？”此时学生安静聆听，感知音乐情境，并根据音乐缓慢及悠扬的旋律普遍认为音乐表现的是清晨大家从甜美的睡梦中醒来的场景。基于生活经验感知音乐情境，学生更能理解音乐情境，将感知外化于行，培养了对音乐的想象力。②

由上述案例可见，具有启发性、引导性的课堂教学环节语有利于学生积极学习，同时也利于培养学生的思维能力。从教育心理学的角度看，从未知到已知是一个循序渐进的过程，是教师一步一步引导的过程，语言在其中发挥着重要的作用，贯穿课堂教学的全过程。

（2）培养学生的沟通和表达能力

《义务教育课程方案（2022 年版）》中明确了培养目标，在“有本领”中明确了要培养“乐学善学，勤于思考，保持好奇心与求知欲……学会交往，善于沟通，具有基本的合作能力、团队精神”的人。③ 课堂教学作为培养人的主渠道，要求教师为学生提供沟通、交流、思考的平台，充分发挥教师的示范作用。学生在课

---

① 许迅．教师教学语言的“学科”表达维度［J］．教育理论与实践，2018(17):57−59.

② 王文昕，杨俐嘉．《上学了》教学设计［J］．音乐天地，2023(2):27−29.

③ 中华人民共和国教育部．义务教育课程方案（2022 年版）［M］．北京：北京师范大学出版社，2022：2−3.

堂学习中积极模仿，其中包括模仿教师的语言。在课堂上，教师与学生之间通过语言进行沟通，教师通过课堂教学环节语引导学生积极思考，团结合作，共同学习。因此，教师在课堂教学中使用有效的环节语有助于培养学生的沟通和表达能力。

思考

下面是一位教师上“小松树”一课时的教学设计片段，说一说教师课堂教学环节语起到了什么作用。

教师：美好的一天开始了，让我们背上小书包，踏着快乐的步伐出发去上学吧！你可以用自己喜欢的方式来表现上学路上的愉快心情。

活动 1：律动体验，感知情绪

◎ 学生根据音乐情境，参与踏步的行进律动，并通过招手问好等肢体动作，表现对积极乐观音乐情绪的感受。

◎ 学生在音乐活动中，对比感知歌曲《小松树》与歌曲《早早起》在速度与情绪等方面的不同。

活动 2：迁移认知，了解作品

教师：这段音乐你们熟悉吗？有谁知道曲名？

◎ 学生聆听音乐后发现这段音乐有儿童歌曲《小松树》的旋律。

◎ 一起聆听歌曲，教师讲解歌曲。

◎ 学生了解歌曲的内涵：表现少年儿童蓬勃向上、坚定勇敢的精神风貌。[1]

在以上案例中，教师以听觉为先，引导学生感受音乐鲜明的节奏韵律及积极乐观的情绪、情感，轻松自然地参与律动，逐步将生活经验转化为音乐经验，增强学生对音乐的好奇心和探究欲。

---

① 王文昕，杨俐嘉.《上学了》教学设计［J］.音乐天地，2023(2): 27−29.

第二节 导课语

1. 概念

导课语又称导语，是一堂课的开端语，也是引入新课的起始环节用语。德国教育家第斯多惠指出：“教学和艺术不在于传授的本领，而在于激励、唤醒、鼓舞。”① 激励、唤醒和鼓舞的核心，就是对学生学习动机的激发与唤醒。教师在上课开始时，对学生讲的与教学目标有关的、能调动学生兴趣的一席话，对即将开始的教学起着重要作用。好的导课语不仅能引出新授课主题，还能激发学生对新授课知识的学习兴趣，能够较好地将学生的注意力从课间休息的游乐上引导至课堂学习上，使他们带着好奇心进行新课的学习。因此，教师在上课开始时就应当运用生动间接、妙趣横生的导课语来激发学生的思维，调动学生的学习兴趣，使他们积极投入学习当中。

2. 作用

（1）引入新课主题

课堂教学活动具有目的性，教师根据教学目标进行教学，每堂课都有自己的主题、教学重难点、教学目标，导课环节是一堂课的开端，也是教师引导学生进入新课主题的开篇，因此，导课语最根本的作用就是引入新课主题。

◆【案例：我是什么】

某小学教师在导入小学语文二年级上册统编版教材“我是什么”一课时，采用了以下导课方式。

师：小朋友们，老师今天给大家带来了一位神奇的魔术大师，大家想不想知道他是谁呀？

生：想。

师：“我”在池塘里睡觉，在小溪里散步，在江河里奔跑，在海洋里跳舞唱歌，开大会，“我”是谁呀？

生：水。

师：今天的魔术大师就是水。今天老师就要和大家一起学习一篇有关水的课文。②

---

① 徐晓林．中外教育名人名言［M］．北京：企业管理出版社，2019：143.

② 参见田玲《我是什么》录课视频，收录网站：国家中小学智慧教育平台，https://basic.smartedu.cn/syncClassroom/prepare/detail?lessonId=8aee8004-6a14-15e2-016a-14a0c2670036&chapterId=cc460d64-ddcd-3619-bdb2-4a2aaa904c15&teachingmaterialId=2aa68399-4700-4030-8973-457cf32384dc&fromPrepare=1.

（2）承上启下

新课主题的学习需要建立在与旧知识的联系上，小学生难以独立完成知识之间的关联建构。在知识未形成体系时，教师需要“搭好支架”，即在教授新知识前，教师首先应组织学生复习旧知识，进而引出新知识，使学生自然而然地从已知的领域进入未知的新知识领域，激发学生探求新知识的强烈愿望，实现教学的承上启下和平稳过渡。

◆【案例：三位数除以整十数】

某小学教师在讲授“三位数除以整十数”时做了以下导入设计。

师：前面我们学习了两位数乘一位数，大家掌握得怎么样了？现在老师来考一考大家。（展示课件上的题目）

（学生作答）

师：那老师有一个问题，400×5 是怎么算的呢？

生：4 乘 5 等于 20，把后面的那两个零再加上就等于 2 000。

师：好的，你是根据乘法口诀得到的。那老师请大家一起来观察一下，这些题目是不是都是可以通过乘法口诀来解答呢？

生：是。

师：好的，那么接下来我们学习点新知识。（展示 250 袋大米的图片，提问：一辆车一次运送 50 袋，需要几辆车才能一次运完？）①

在以上案例中，教师为了引入本次课“三位数除以整十数”的主题，先设计了复习乘法的旧知识环节，帮助学生更好地与“除法”进行链接，以承上启下。

（3）激发兴趣

课堂教学刚开始时的任务是把学生的注意力集中在学习上，因此，教师需要通过导入语引起学生的注意，激发学生的学习兴趣。美国心理学家布鲁纳说：“学习最好的动机是对所学学科的兴趣。”要促进学生主动学习，就必须激发和培养学生的学习兴趣。因此，每次课堂教学开始，教师都要用引人入胜的教学语言导入新课，激发学生的求知欲，使学生对即将开始学习的新知识产生积极情感。

◆【案例：给物体分类】

某教师在教授一年级学生“给物体分类”一课时，设计了以下导入语。

师：同学们，如果你们到超市买酸奶，怎样能更快找到酸奶呢？

生：到奶制品区域去选择。

① 参见张雷《三位数除以整十数》录课视频，收录网站：国家中小学智慧教育平台，https://basic.smartedu.cn/syncClassroom/prepare/detail?lessonId=ff808081-5768-c63f-0157-691584ca06d3.

师：非常好，我们要去会存放酸奶的区域。那么超市的商品是怎样摆放的呢？

生：水果放在一个区域，洗漱用品放在一个区域，饮料放在一个区域……（同学们纷纷开始了讨论）

师：大家说的都很好，超市的商品都是分类摆放的，这样我们在选择商品的时候就比较快捷、比较方便了。[①]

在该案例中，教师从学生生活中找到分类的例子，对生活情境中的分类案例进行提问，调动起学生的积极性，激发了他们的学习兴趣。

（4）引入学习情境

当课堂中呈现出与教学内容相适应的情绪氛围或教学场景时，教师需要把学生带入学习状态，使其尽快参与到教学活动之中，也就是引导学生从无意注意进入有意注意状态。由于小学生天性好动，无意注意占主导，因此，教师需要采用有效的手段在课堂一开始就把学生的注意力从课间活动转向课堂学习活动。

3. 构建技巧

（1）要新颖活泼，忌平淡刻板

导课语要起到激发学生学习兴趣的作用，而丰富有趣且有新意的语言能吸引小学生的注意，激发其学习兴趣。平铺直叙、平淡刻板的语言，会削弱甚至使学生失去学习兴趣，影响教学效果。因此，在导课语建构时，教师需要充分了解学生的生活情况和身心特征，在学生实际生活中挖掘到语言素材。

（2）要庄谐适度，忌庸俗低级

教师在课堂上需要与学生建立良师益友的关系，以帮助学生在对教师的信任中，在轻松的氛围中进行学习。如果教师过于严肃，学生在情感上难以亲近，就不利于信任关系的搭建，影响沟通效果，进而难以激发学生学习兴趣，难以使学生在学习体验中获得幸福感，影响学生的学习积极性。教师对学生具有示范作用，学生在与教师交往的过程中会向教师学习，教师不能为了获得学生好感而使用庸俗低级的语言，以避免学生效仿，形成低级的审美趣味和不良的语言习惯。因此，教师要把握语言表达的度，做到庄谐适度，忌庸俗低级。

（3）要短小精悍，忌冗长拖沓

导课语一般为一堂课的引言，为学习新知识做铺垫，不宜占用过多时间，以3~5分钟为佳，以避免重点转移，目标不明，从而影响课堂教学的进程和学习目

① 参见田春丽《给物品分类》录课视频，收录网站：国家中小学智慧教育平台，https://basic.smartedu.cn/syncClassroom/classActivity?activityId=6173f03e-fb37-438b-85f1-89903e2d8912.

标的达成。导课语也是创建新课主题情境的重要语言，教师在表达时要避免使用与主题情境无关的语言。因此，导课语要简短、清晰、易懂。

4. 类型

（1）经验导入类

经验导入是通过建立学生已有经验与新知识之间的联系，进而引发学生学习动机、营造学习氛围的一类导课形式，这是教师在课堂上最常用的一种方式，可以帮助学生亲身体验学习的梯度。经验导入的经验主要是指学生的经验，包括学生在课堂上学习到的知识、生活中的实践经验、已掌握的某种学习方法和已建立的情感价值观。教师可以根据教学目标进行经验导入的设计，巧妙地运用语言进行新课导入。

◆【案例：一个苹果】

在上“一个苹果”的第二课时，一位教师设计了以下复习导入。

师：一个苹果对于我们来说再普通不过了，可是通过上堂课的学习，我们知道了在抗美援朝时期的朝鲜战场上，在七天七夜没有一口水喝仍然坚持作战的志愿军战士眼中，一个苹果弥足珍贵。这个苹果在八位战士手中传递了一圈，可谁也没吃。这时，连长不得不命令大家一起来分吃这个苹果。现在，让我们看看后来又出现了怎样动人的一幕呢？①

案例中教师用回顾已学知识的方式，将学生自然地带入新知识的学习。使用这样的导课方式的目的在于承前启后，复习的内容可以是前一次课或之前学习过的知识，也可以是学生在以往的生活中积累的经验，但必须与即将开始学习的新知识有联系。

◆【案例：圆的认识】

在学习“圆的认识”一课时，一位教师做了以下设计。

师：（课前在黑板上写了“圆”字）同学们，知道今天我们将要学习什么吗？

生：圆。

师：你们熟悉圆吗？在什么时候就认识它了？

生1：一年级。

生2：幼儿园。

师：是啊！都是老朋友了。你在哪些地方经常见到它？

① 案例源自教学实践。

生 1：胶带上。

生 2：光盘上。

生 3：一元硬币上。

生 4：足球上。

师：（拿起课前准备好的球和圆形纸片）老师这儿有一个球和一个圆形纸片，你们来摸一摸，发现他们有什么不同了吗？

生 5：一个是平的，一个是圆的。

师：老师知道，你所说的“圆的”，实际上是说它是立体的，而不是平面的，对吗？如果我们拿一把锋利的刀，把球切成两半，那么它的切面就是一个圆。①

（有改动）

案例中教师通过让学生说出生活中的圆，并比较圆的不同存在形式，使学生主动回忆、想象，并逐步把头脑中“圆”的概念通过语言表达出来。教师引导学生分享生活当中通过观察得到的圆的经验，这样就在学生已有的经验与所要学习的新知识之间建立起了有效的联系，使学生顺利实现知识的建构。经验导入以生活经验为出发点，既能激发学生的学习兴趣，又可降低学习新知识的难度，进而增强学生学习的自信心。经验导入技巧如图 4–2 所示。

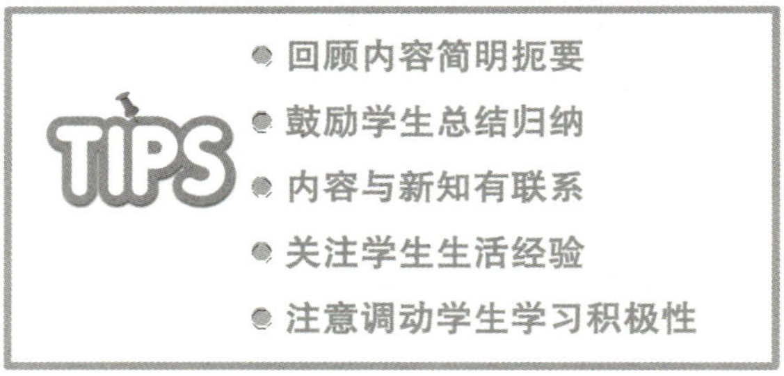

图 4–2　经验导入技巧

（2）观察导入类

观察导入是教师运用教具、实验演示等方法进行教学，让学生通过看、闻、摸、听等观察活动，思考并完成观察活动的任务。这种导课方式可以让学生集中注意力去感知新事物，理解并掌握新知识，激发他们的求知欲，从而导入新知识。这种方法使学生从“要我学”变成“我要学”，促进学生观察能力和思维能力的发展，培养学生科学研究的态度。

---

① 陈良.《圆的认识》教学实录［J］. 江苏教育，2010(13)：20–23.

◆【案例：撕纸真有趣】

某教师在上美术课程“撕纸真有趣”一课时，进行了以下导入。

（展示提前准备好的四类纸张：报纸、海报纸、牛皮纸、彩色卡纸）

师：同学们，你们看，老师手上有四张纸，他们是一样的吗？

生：不是。

师：那哪里不一样呢？

生：有的硬，有的软；有的重一点，有的轻一点。

师：非常好，他们的薄厚、质地都不同。那请你们选择两种纸张对比体验一下，听一听两种纸张撕起来的声音是不是一样的，摸在手上的感觉是不是一样的？①

（有改动）

案例中教师提前准备了四类纸张作为教具，请学生观察、感受并分享纸张的不同，进而引入课堂主题：不同材质纸张撕起来时的差异。学生可以调动听觉、视觉、触觉等多个感觉器官进行感受和理解，在学习的过程中，激发求知欲和学习兴趣。

◆【案例：体积和体积单位】

某小学教师在讲授人教版小学数学“体积和体积单位”一课时，设计了以下导入。

师：乌鸦喝水的故事你们一定不陌生，请你们边看图边回忆乌鸦是怎样喝到水的？

生：因为乌鸦把很多石子放到了杯子里，水虽然没变多，但是石子占据了水原来的地方，把水挤上去了，乌鸦就喝到水了。

师：小明说得真清楚，他提到的石子占据了水的地方，就是数学中说的空间，水和石子都占有一定的空间。

师：同学们，请你们观察现在杯子里水的高度，放入不同橡皮后再观察水的高度，记录下你看到的。

（学生开始进行实验，并记录下实验观察的结果。）

师：你们观察到了什么呢？

生：我做了一个实验，拿两个一样大的玻璃杯，第一个杯子里倒满水，第二个杯子里放一块橡皮，然后把第一个杯子里的水倒进第二个杯子，我发现水还没倒完，第二个杯子里的水就满了，看来橡皮占了空间。（图 4-3）

① 邵光华．小学课堂教学技能训练［M］．北京：高等教育出版社，2011：46.

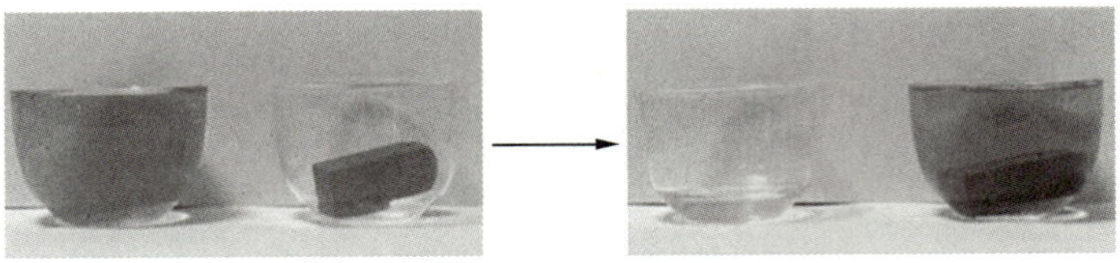

图 4–3　实验示意图 1

生：我将两块大小不同的橡皮放进水里，发现橡皮越大，占的空间就越大，倒剩下的水就越多。（图 4–4）[①]

图 4–4　实验示意图 2

在本案例中，教师让学生亲自进行实验，通过观察、记录等任务，引导学生在探索中感受空间的概念，并且引出空间大小的主题。观察导入技巧如图 4–5 所示。

TIPS

- 所用教具要紧扣教学主题
- 教具使用以“实物”为佳
- 实验需要严格控制变量，变量与主题紧密联系
- 观察任务要根据任务目标设计是否需要学生记录

图 4–5　观察导入技巧

① 参见王梓《体积和体积单位》录课视频，收录网站：国家中小学智慧教育平台，https://basic.smartedu.cn/syncClassroom/classActivity?activityId=883acb72–9faa–437a–8c9d–5128a85d98aa&chapterId=acfc9c8c–d0a5–3044–8372–3fb531cd2919&teachingmaterialId=f4184328–83db–4a43–8dab–bb9df75597a6&fromPrepare=0.

（3）故事导入类

故事导入就是教师把要讲的课的有关内容、问题等编成一个故事，用故事来吸引学生的注意力，以激发学生的学习积极性。根据学生喜欢听有趣、好玩、新奇、情节生动的故事的心理，教师用绘声绘色的故事抓住学生的注意力，进而激发学生的学习兴趣，使其投入学习中。

◆【案例：平移】

在教授“平移”一课时，一位教师进行了以下故事导入语的设计。

师：平静的湖面上有一只小船在向前行驶，黄鸟站在船头，青鸟站在船尾，两只小鸟在争吵。黄鸟说：“我在船头，我经过的路程比你长。”青鸟说：“我在船尾，我经过的路程比你长。”……谁也不服输。同学们，你们觉得谁经过的路程长？你们有什么办法比较出谁经过的路程长吗？假如不用尺子，现在给你们一张格子图，有办法比较出谁经过的路程长吗？①

（有改动）

案例中教师采用故事导入的方式引导学生展开猜想、操作、观察、思考、交流、验证，最后揭示出物体平移的特征，从而充分调动学生的学习积极性，使学生全身心地投入学习活动中。因此，用故事导入新课能营造轻松愉悦的课堂氛围，吸引学生的注意力，同时易于使师生思维产生共振，营造良好的课堂氛围。故事导入技巧如图 4-6 所示。

TIPS
- 故事要短小精练、生动有趣
- 故事重点突出内容与新知有内在联系，具有启发性

图 4-6　故事导入技巧

（4）情境导入类

情境导入是指教师通过对学生的学习情境进行创设，运用丰富有趣的语言、设备、环境、活动、色彩等，使学生产生置身其中、身临其境的感受，从而唤起学生情感上的共鸣，使学生情不自禁地进入学习情境，激发学生的学习兴趣。

① 刘立铭．小学数学教学中情境导入之我见 [J]．青海教育，2009(9-10): 67.

◆【案例：赠刘景文】

某小学教师在教授“赠刘景文”一课时设计了以下导课语。

（教师展示课件，播放春、夏、秋、冬四季景色的视频，并配有相应的音乐。）

师：同学们，一年有四季，四季各不同，你最喜欢一年当中的哪一个季节？请说说你的理由。

生 1：我最喜欢一年中的春天，因为春天是万物复苏的季节。

师：哦，春天给大地带来了生机。

生 2：我最喜欢一年中的夏天，因为可以吃雪糕。

师：那也是大部分孩子的最爱。

…………

（同学们各抒己见）

师：今天，在这样一个美好的季节里，我们一起走进古时候，感受一下 1 000 多年前三位古人写的关于秋天的几首古诗。①

在案例中，教师运用演示文稿（PPT）、视频、音乐、问题等多种形式，创建了关于季节的学习情境，通过“最喜欢什么季节？为什么？”的问题，在引发学生思考的同时引入课程主题——古代诗人对季节的表达，激发学生对古代诗人的秋季感受的求知欲。情境导入技巧如图 4–7 所示。

TIPS
- 表达时需要绘声绘色，富有文学色彩
- 情境结合学生已有生活经验和现实素材

图 4–7 情境导入技巧

（5）游戏导入类

游戏导入是教师通过游戏活动，设置与新课主题紧密相关的悬念，以引起学生思考、想象，激发学生好奇心和求知欲，调动学生学习主动性的导入新课的方法。该方法多应用于小学第一、二学段的课堂教学中，该学段学生注意力的稳定性不强，尤其是结束课间“娱乐”进入课堂学习时，学生难以将注意力立刻集中于学习，因此要吸引学生的注意力，激发他们对未学知识的探索兴趣。游戏导入则以寓教于乐为核心进行游戏活动，要求教师巧妙地向学生提出学习任务，并且创设出学生探索知识的最佳情境。

① 参见陈玉芳《赠刘景文》录课视频，收录网站：国家中小学智慧教育平台，https://basic.smartedu.cn/syncClassroom/prepare/detail?lessonId=8aee80fb-69ff-f353-016a-015529be0544

◆【案例：数字 6 的分解】

在教授“数字 6 的分解”一课时，教师做了以下导课语设计。

师：同学们，你们喜欢做游戏吗？让我们来做个猜数游戏吧！

（板书课题：猜数游戏）

（教师出示两张反面画有圆圈的纸）

师：在这两张纸的反面，老师各画了几个圆，你们能猜出两张纸上分别画有几个圆吗？

（学生做出各种猜测）

师：你们能确定吗？

生：不能。

师：现在老师再给你们一个信息：两张纸上共画有 6 个圆。你们再猜一猜，两张纸上各画有几个圆？

（学生独立思考后，进行小组活动，最后做小组汇报）

师：到底是哪一种呢？能确定吗？

生：不能。

师：好，老师给你们看其中一张。（翻开其中一张纸）现在你们能确定另一张纸上画了几个圆吗？[①]

（有改动）

案例中教师用“猜一猜”的活动，将学生的注意力吸引到课堂上，通过提问和互动不断引发学生的深入思考，并结合独立思考、小组讨论两种形式，丰富了游戏内容，提高了游戏参与度。

鲁迅先生曾说：“游戏是儿童最正当的行为，玩具是儿童的天使。”[②] 游戏可以满足儿童爱动好玩的心理需求，不但使他们的注意力持久、稳定，而且使他们有较高的紧张程度。在紧张快乐的氛围中，孩子们开始了新的学习。

教学导入的方式是多种多样的，关键在于教师能灵活选用，精心设计。

◆【案例：简易方程】

某教师在讲授“简易方程”一课时，进行了以下导课语设计。

师：同学们，今天我们做一个数学游戏。你们现在每人心里想好一个数，然后加上 2，乘以 3，得出的积减去 5，再减去你原来想好的那个数。好了，只要你把最后的结果告诉我，我就能立刻猜出你原来想好的那个数。（游戏开始了，同

① 邵光华．小学课堂教学技能训练［M］．北京：高等教育出版社，2011：49-50.

② 鲁迅．风筝［M］// 鲁迅，鲁迅先生纪念委员会．鲁迅全集：全 20 卷：第一卷．广州：花城出版社，2021：274.

学们纷纷举手）

生 1：我的最后结果是 15。

师：那么你原来的数是 7，对吗？

生 1：对！

生 2：我的结果是 37。

师：那么，你原来的数是 18 吧？

生 2：非常正确！

生：老师，您是怎么知道的，快告诉我们方法吧！

师：好，方法是“简易方程”。（板书），学好了这一章，猜谜的方法也就全会了。①

案例中教师用游戏的方法导入“简易方程”主题，在游戏过程中，使学生产生学习兴趣。同时，教师设计了悬念，激发学生产生探索的欲望，为一节课的顺利进行打下了良好的基础。

（6）设疑导入类

设疑导入是指教师提出富有挑战性的问题，激发学生积极思维，从而使学生产生探究的欲望。设疑导入的形式多种多样，可以由教师提问，也可以由学生提问；可以由开门见山直接提问来呈现，也可以由猜谜等形式来呈现。

◆【案例：狐假虎威】

一位教师执教“狐假虎威”一课时的导课语如下。

师：假如一只狐狸和一只老虎在一起，谁怕谁？谁吃谁？

生：当然狐狸怕老虎，老虎吃掉狐狸。

师：今天讲的故事却是老虎听从狐狸的话，狐狸轻而易举地指挥着老虎。老虎非但不敢吃掉狐狸，反而觉得狐狸威风凛凛。你们说奇怪不奇怪？想知道这是为什么吗？请同学们打开课本，自由朗读《狐假虎威》这篇课文。②

（有改动）

◆【案例：两小儿辩日】

某教师在上“两小儿辩日”一课时，设计了以下导课语。

（展示孔子头像）

师：孔子是春秋战国时期最博学的人之一，在世时就被尊奉为“天纵之圣”“天之木铎”，更被后世统治者尊为“孔圣人”“至圣”“至圣先师”“大成至圣文

① 郭启明．教师语言艺术［M］．北京：语文出版社，1992：40.
② 邵光华．小学课堂教学技能训练［M］．北京：高等教育出版社，2011：49.

宣王先师”“万世师表”。如今“祭孔大典”已经成为和中国祖先神祭祀同等级别的大祀。

师：孔子在我们的心目中是一个博学多才的人。可是有一次，两个小孩提出的问题却难倒了他，这是怎么回事呢？学习了《两小儿辩日》这个故事之后，你就明白了。①

（有改动）

案例中教师通过对孔子的介绍，给学生留下了“孔圣人”的伟大形象，又用“两个小孩的疑问难住了孔圣人”引起学生的好奇，让学生对所学习主题的前因后果产生求知欲。

学生学习新知识是一种特殊的情、知相伴的认知过程，这个过程包含着属于非智力因素范畴的情感，它是学生智力发展的内驱力。在导入新课时，巧设悬念，精心设疑，使学生产生强烈的学习热情，必然促使学生自觉地去完成既定的教学目标。设疑导入往往通过提出一些与新课内容有关的、比较有趣的问题来激发学生的好奇心，从而进入新知识的教学。需要注意的是，所提的问题要有一定的难度，要能使学生进入“愤”“悱”的状态，因疑促思，使学生的思维迅速活跃起来。设疑导入技巧如图 4–8 所示。

TIPS

- 设疑关键在于创设出乎意料的反差，有疑惑又有意思
- 设疑进入教学主题

图 4–8　设疑导入技巧

5. 技能训练

（1）观察记录

观察一段小学课堂教学视频，记录下导课语关键信息，并对导课语进行分析。（表 4–1）

① 邵光华. 小学课堂教学技能训练［M］. 北京：高等教育出版社，2011：49.

表 4-1 小学课堂教学视频观察表

新授课主题		授课对象	
导课语用时 / 分钟		导课语类型	
导课语记录 （请记录下教师和学生的详细语言，教师行为用括号标注，如写板书、用道具等）			作用分析 （教师导课语对教学的作用）
对教师的导课语进行评价			

（2）案例评析

◆【案例：难以回答的问题】

在“面积单位”的课堂上，教师通过课件播放阿凡提卖地的动画故事，引出这样一份契约。（图 4-9）

契　约

阿凡提将后院的60米土地，以2两银子卖给巴依老爷，明日将院子的60米交给巴依老爷。以契约为据，双方不得反悔。

甲方：　　　　　　　　乙方：

时间：　　　年　　月　　日

图4-9　阿凡提的契约

师：你认为这份契约有什么问题？

（教室鸦雀无声，学生不知道应该从哪个角度回答教师的问题）①

（有改动）

请评析教师使用的导课语效果。如果导课语使用恰当，请分析其巧妙之处；如果导课语使用欠佳，请对导课语进行重新设计。

① 邵光华．小学课堂教学技能训练［M］．北京：高等教育出版社，2011：62．

（3）综合训练

教学内容：小学数学课程中的“圆的周长”。

要求：认真分析圆周长“曲线化直线”的特点，结合学生身心发展特点，选择适当的导课语，帮助学生认知“圆的周长”，并完成表 4–2 的填写。

表 4–2　导课语设计表

<table>
<tr><td>新授课主题</td><td></td><td>授课对象</td><td></td></tr>
<tr><td>导课语用时 / 分钟</td><td></td><td>导课语类型</td><td></td></tr>
<tr><td colspan="3">导课语记录
（请记录下教师和学生的详细语言，教师行为用括号标注，如写板书、用道具等）</td><td>导课语
设计意图</td></tr>
<tr><td colspan="3"></td><td></td></tr>
</table>

第三节 讲解语

1. 概念

讲解语是教师有计划、有设计、系统地阐述新课内容，将知识传递给学生的教学用语。讲解是课堂教学中最主要的环节，也是学生获得知识，从未知到已知的重要环节。从时间上看，讲解环节是课堂教学占比最大的环节，教学内容的重难点讲授也是在该环节进行的，因此，讲解语的质量直接影响学生对知识的掌握程度。

2. 作用

（1）传授知识，答疑解惑

教师以讲解语为工具引导学生了解现象，感知事实，理解概念、定律和公式，从而使学生发现问题、分析问题、解决问题，并促进学生智力与人格的全面发展。教师在讲解知识过程中发现学生的疑惑和难点，有针对性地进行讲解语设计，帮助学生突破难点，解开疑惑。讲解语是课堂教学最基本的表达形式，它以教师的独白语为主体，并适当纳入与学生的对白语。

（2）启发思考，培养能力

在新课程改革的理念中，教师的角色和身份发生了重大的变化。教师不只是知识的传授者和学生成长的管理者，更是学生发展的促进者和引导者。在教学过程中，教师角色意识的变化要通过教学语言的转变转化为实际行动。但是，课堂讲授的本质是一种单向的信息传输，讲解语也往往会带有灌输的色彩。为了避免讲解语单向输送知识，教师要充分重视讲解语启发学生思维、培养学生能力的功能。教师在设计讲解语时，要深入钻研教材，正确掌握知识，分析学生的认知结构及学习心态，灵活运用语言，努力使讲解语句句叩击学生的心灵、启发学生的思维、开启学生的智慧。

3. 构建技巧

（1）注重师生双方心理感受

①教师关注自我心理调节

教师需要做好自我心理调节，控制情绪，避免受不良情绪的影响，导致讲解不清晰、不深入，更加不能将学生当作自己发泄情绪的对象。要做到《中小学教师职业道德规范》中“关爱学生”的要求，有强烈的责任感和严谨的教学态度，从学生出发，尊重学生、引导学生、相信学生。

◆【案例：质问说教】

某教师因生活中发生不幸的事情，无心授课，在课堂讲解环节又有学生无法回答提出的问题。在双重压力下，该教师生气地说：“你听你自己说了什么东西？你有好好听课吗？是怎么想的？我白教了。”①

案例中教师因没有调整好自己的情绪而在面对学生时，通过质问学生的方式进行说教，打击了学生的学习积极性。

② 教师关注学生心理感受

教师在教学过程中需要关注学生的心理感受。明明课堂时间相同，有的教师让学生感到时间过得很慢，有的则让学生感到时间过得很快。造成不同的感受的关键在于教师是否关注学生在学习过程中的心理感受，无论是有学习难度压力、节奏感知压力，还是教师讲解语过于枯燥乏味，都会给学生带来不良的学习感受，产生学习倦怠感。而“寓教于乐”“风趣幽默”“逻辑清晰”“言简意赅”“积极语言”等适合学生的讲解语则会给学生带来学习幸福感，进而提高学习效果。

（2）重点突出，逻辑清晰

课堂讲授是教学的主要环节，也是教师从事教学活动的主要形式。教学效果的好坏，集中体现在课堂讲授上，它是决定教学质量高低的关键。讲解语要在对教材内容融会贯通的基础上，根据教学的目的，突出教学的重点，解决教学的难点。一方面要求教师在讲授时结合教学策略，充分呈现教学内容；另一方面要求在表达上通过停顿、重音、连接等语调变化对重点内容着重突出。在讲解过程中，教师要善用修辞手段、结合语境进行表达，语句与语句之间要有逻辑关系。例如，数学公理的推演过程，需要教师的讲解语有清晰的逻辑。

（3）投入感情，体现个性

教师在讲解的时候需要投入感情，对知识内容进行加工处理。由于小学生的思维处在以具体形象思维为主，逐步向以抽象逻辑思维为主过渡的过程中，他们善于接受直观形象的教学内容和教学方式。教师要有目的地锤炼课堂教学语言，尽量使讲解语生动形象，充满童真童趣。教师在课堂上的绘声绘色、有景有情讲授，能将抽象的知识变得具体，深奥的材料变得浅显，枯燥的内容变得有趣。教师要让自己的语言生动有趣，可以积累笑话、故事、佳联、格言、警句、成语、典故、

① 案例源自教学实践。

诗词等，按照教学需要把它们引入课堂，运用自如，以塑造形象，创造气氛，使课堂学习充满快乐。

个性是个体对于客观存在的一种心理反应。任何语言的交流，都会体现说话者的个性，而听话者则会根据自己的个性心理对话语内容进行理解。因此，教师在讲解时，需要注意学生的个体差异，基于学生实际情况进行话语构建，避免有歧义产生。

4. 类型

课堂讲解语包括讲析语、归纳语、谈话语。

（1）讲析语

教师课堂教学讲析语是教师通过口头语言直接向学生系统连贯地传授知识的方法。从教师的角度说，讲析是运用口头语言，把教学内容所包含的知识与技能、过程与方法、情感态度与价值观传递给学生的直接的教学手段；从学生的角度说，讲析是接收教师教授的内容并转化为自己的经验的学习方式。讲析是教学过程中师生双边互动、相辅相成、共同发展的教学过程。“讲”，主要用来表达教师对教学内容的理性认识，陈述教师的个人观点与情感。“析”，主要用来解剖教学内容的本质，探索教学内容所包含的规律与原理，透过教学内容的表面看其本质属性，是教师引领学生形成观点与认识的过程。因此，“讲”与“析”各有侧重，但不能分开，是不可分割的统一体。

◆【案例：色彩滴染】

某小学教师在讲授“色彩滴染”一课时做了以下设计。

师：红、黄、蓝在色彩的世界里还真是非常重要，我们把红、黄、蓝称为三原色，把橙、绿、紫称为三间色。老师还要告诉你们一个小秘密，红、黄、蓝之所以被称为三原色，是因为他们是无法用其他颜色调和而成的，而他们之间相互调和则可以产生生活中各种各样的色彩。

师：许多艺术家在作品中用到了这些颜色，让我们一起来看看颜色在艺术家作品中的表现吧！（展示艺术家的作品）那通过欣赏，请你们说一说哪一幅作品最吸引你们，它带给你们怎样的感受？

生：第一幅作品中多彩的荷花让我印象深刻，这幅画用红、黄、蓝和绿表现大大小小的块面，墨线和色彩在宣纸上相互渗化，使我感受到画面的绚丽多彩、韵味盎然。

师：你的表达非常生动。这就是三原色给我们的生活带来的多姿多彩、美妙绝伦的感受。[①]

◆【案例：金木水火土】

某小学教师在讲解“金木水火土”一课时进行了以下设计。

（展示“天上地下”四个字，播放《盘古开天辟地》的小视频）

师：天地分开，天在上，地在下，孕育着万事万物。

（展示图 4-10）

图 4-10 “天上地下”例图

师：你看，天地间有郁郁葱葱的小草，一棵大树扎根地下，还引来一群可爱的小鸟呢。同学们仔细看这幅图，哪些在地面之上，哪些在地面之下呢？小草、大树、小鸟在上，树根和草根在地面之下。同学们，来看这两个字，你看“上”和“下”的长横多像这片平坦的大地呀。“上”字的竖和短横在这长横之上，“下”字的竖和点在长横之下，这样，“上”和“下”，我们就区分开了。[②]

（2）归纳语

归纳语是教师对所讲授的内容从整体的、本质的、理性的高度进行总结，从而使学生更好地把握事物的本质和规律的一种表达方式。教师授课必须遵循认识事物的一般规律，即从感性到理性、从具体到抽象、从局部到全局，表现在讲授过程中，一般来说，总是先对教学内容进行讲析，而后在前述分析、讲解的基础上进行归纳和总结。

① 参见曹晓萌《色彩滴染》录课视频，收录网站：国家中小学智慧教育平台，https://basic.smartedu.cn/syncClassroom/classActivity?activityId=ff3541df-d0e1-4d62-95ea-4aa369e93223&chapterId=d1fab17a-fe81-33e5-b3eb-dc82eb244091&teachingmaterialId=8663db07-a606-49cc-bde8-a4225132a789.

② 参见刘安逸《金木水火土》录课视频，收录网站：国家中小学智慧教育平台，https://basic.smartedu.cn/syncClassroom/classActivity?activityId=8bc29519-7d67-4277-8a26-a6aedf5d561c&chapterId=2e038185-c749-359d-a545-cb868b7f8858&teachingmaterialId=5ce96672-f52f-4c2f-9c3d-016ed1415278.

◆【案例：万以内加减法】

某小学教师在讲授“万以内加减法(一)”一课时进行了以下语言设计。

（展示学生计算“35+34”的计算推演过程，见图 4-11）

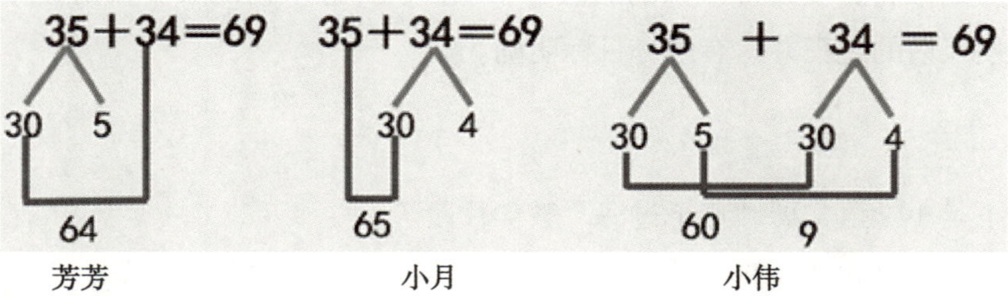

图 4-11 计算推演过程图

师：三位同学用不同的方法口算出了 35 加 34 的结果，请大家仔细观察比较，这几种方法有什么相同的地方吗?

生：他们都是把两位数给拆分了，再相加。芳芳的方法是把 35 拆分成了 30 和 5，用 30 加 34 等于 64，再用 5 加 64 等于 69。小月的方法是把 34 拆分成了 30 和 4，用 35 加 30 等于 65，再用 65 加 4 等于 69。小伟的方法是把 35 拆分成 30 和 5，把 34 拆分成 30 和 4，先算 30 加 30 等于 60，再算 5 加 4 等于 9，最后算 60 加 9 等于 69。

师：谢谢，你分析得很清楚。大家都是把两位数拆成了整十数和个位数再计算。把两位数加两位数这个新知识变成了我们学过的旧知识，同学们真是太棒了！①

案例中教师先让学生进行思考，各抒己见，然后对不同的拆分方法进行呈现，请学生对比后得到新知识，最后教师进行归纳和总结，同时也提醒学生学会运用旧知识来解决新问题，将新知识进行拆分，化解为旧知识。

（3）谈话语

谈话语也称对话式、问答式的课堂教学语言，它是“教师根据学生已有的知识经验，紧扣教材内容提出问题，引导学生在已有经验或感性材料的基础上，积极思考，踊跃讨论，从而获得新知识和新技能的讲授方式”②。

谈话式讲授的优点在于比较亲切，能激发学生主动参与的热情。教师在与学

① 参见张佳丽《万以内加减法（一）》录课视频，收录网站：国家中小学智慧教育平台，https://basic.smartedu.cn/syncClassroom/classActivity?activityId=3f83e750-9d43-4bbb-959b-6f3b61433993&chapterId=b5cef674-f2ee-3e30-be72-fccdd0fae5aa&teachingmaterialId=92a82135-2748-4ec2-9bc4-e3fae0fb80f9.

② 娄志校．教师口语训练［M］．北京：华语教学出版社，1998：199.

生交谈的过程中，能发现学生已有知识和技能与新的学习目标之间的距离，了解学生之间的差异，并在与学生对话的过程中及时采取有效的措施进行补救，增强教学的针对性。需要注意的是，谈话式讲授不是信口开河地漫谈，而应该在课前做好充分的准备，安排好谈话的层次、步骤，设计好谈话的节奏，把握好谈话的时间，使谈话的过程井然有序、目标明确。

◆【案例：燕子过海】

以下是小学语文课“燕子过海”教学片段。

师：请同学们接着往下看，有一个动作是写“燕子太疲倦”了，你能把这个动作做出来吗？（大多数孩子伏在桌子上）对了，燕子“伏”在甲板上休息。

师：（有意问）可怜的小燕子，你们为什么那么累呀？

生：因为我们要从寒冷的北方回到温暖的南方。

师：那就别飞了，跟我们的船回去吧。

生：（有的说）好的！（更多的人说）不好！

师：燕子有没有乘着船前进？

生：没有。它们只休息了一会儿，又展翅起飞了。

师：还有写燕子疲倦的句子吗？

生：有。“停止了呼吸”“累死了”。

师：那么“展翅起飞”的燕子一点儿也不累哦？

生：也很累。它们是凭着毅力和意志起飞的。

师：对，那我们该怎么读？

（请学生朗读，读出展翅起飞的燕子的坚强）①

（有改动）

案例中教师设计了谈话语进行教学，引导学生理解和感受燕子的品质，在轻松愉快的气氛中，一步一步引导学生悟出燕子是凭着毅力和意志起飞的道理，并指导学生进行朗读训练。

5. 技能训练

（1）观察记录

观察一段小学课堂教学视频，记录下讲解语的信息，并对讲解语进行分析。（表 4–3）

---

① 叶松伟．课堂教学设计例评［M］．北京：知识出版社，1999：215.

表 4-3　小学课堂教学视频观察表

新授课主题		授课对象	
讲解语用时 / 分钟		讲解语类型	
讲解语记录 （请记录下教师和学生的详细语言，教师行为用括号标注，如写板书、用道具等）			作用分析 （教师讲解语对教学的作用）
对教师的讲解语进行评价			

（2）案例评析

◆【案例："是几倍"与"多几倍"】

师：求一个数是另一个数的几倍用乘法。现在老师要出一道数学题请同学们来算一算。

小明植了6棵树，小红植的树的数量是小明的2倍，小华植的树的数量是小明的1倍，请问小红和小华各植了多少棵树？

（同学们很快计算出小红植了12棵树，可是在小华植了多少棵树的问题上出现了分歧）

生1：小华植了6棵树。可是小华植的树和小明一样多，为什么还要说是小明的1倍呀？

生2：小华也植了12棵树。

生3：不对。如果小华也植了12棵树的话，那就是“2倍”了，可题中说是“1倍”。

（同学们激烈地争论着）

师：同学们，你们真善于思考，这种学习精神非常好。在使用倍数定理的时候，同学们一定要注意区分“是几倍”和“多几倍”的说法。用“是几倍”的说法的时候，就要直接相乘；用“多几倍”的说法的时候，则要先把倍数加上1之后再相乘。由于题目中说“小华植的树是小明的1倍”，因此，小华植的树就是6棵。但是，我们平时在表达这个意思的时候，一般是不会这样说的。我们一般会说“小华植的树和小明一样多”。如果说小华植的树也是12棵的话，我们除了说“小华植的树是小明的2倍”之外，还可以说“小华植的树比小明的多1倍”。①

（有改动）

请评析教师使用的讲解语效果。如果讲解语使用恰当，请分析其巧妙之处；如果讲解语使用欠佳，请对讲解语进行重新设计。

① 邵光华．小学课堂教学技能训练［M］．北京：高等教育出版社，2011：121.

◆【案例二：望天门山】

下面是某教师在教《望天门山》时的一段讲析。

师："两岸青山相对出"这句话中，哪个字用得最好？

生 1：青。

师：为什么？

生 1：写出了山是绿色的。

师：生 1 今天的回答很好。他认为"青"用得好，而且还说出了理由是"写出了山是绿色的"。

师：除"青"这个字之外，还有谁有不同意见？

生 2："出"用得更好。它写出了两岸青山非常陡峭。"青"虽然写出了山的色彩，但没有什么特别之处。"出"则不同。

师：生 2 认为"出"这个字用得更好，能够写出"两岸青山非常陡峭"，很好。你已经开始领悟到了作者用"出"这个字的好处。如果你还能继续分析，请你接着说。老师相信你一定能够说得更清楚。

生 2："出"字让人们感觉到两岸青山是拔地而起的，而且是突然闯进作者眼帘的。这更符合作者转过一个弯，突然见到两山耸立的实际写作情境。

师：你的补充非常好，"出"字不仅写出了两岸青山拔地而起的气势，而且写出了两岸青山闯入眼帘时的突兀之感。"出"是一个什么词性的字？用它还有什么好处？

生 2："出"是动词，用"出"就把山给写活了。仿佛两岸的青山突然拔地而起，直插云霄，写出了一个拔地而起的过程。

师：你的分析太精彩了。你完全理解了作者用这个字的意图。①

（有改动）

请评析教师使用的讲解语效果。如果讲解语使用恰当，请分析其巧妙之处；如果讲解语使用欠佳，请对讲解语进行重新设计。

① 绍光华．小学课堂教学技能训练［M］．北京：高等教育出版社，2011：117.

（3）综合训练

教学内容：小学数学课程中的“平行四边形面积公式”。

要求：认真分析平行四边形与长方形之间的面积关系，运用“图形切割”方法，结合学生身心发展特点，选择适当的讲解语，帮助学生认知“平行四边形面积公式”，请设计出教师讲解语的内容。（表 4–4）

提示：可运用视频简介、教具演示、板书图形绘制等方法。

表 4–4　讲解语设计表

新授课主题		授课对象	
讲解语用时 / 分钟		讲解语类型	
讲解语设计 （请详细填写教师和学生的详细语言，教师行为用括号标注，如写板书、用道具等）			讲解语 设计意图

第四节　结课语

1. 概念

结课语又叫结束语，它是课堂教学将要结束时，教师对这堂课的内容进行高度凝练，加以归纳、总结、扩展、延伸与迁移时所用的语言。它有利于学生将知识信息归纳储存、加深印象、增强记忆、启发思维、开阔视野。

结课语是教学环节语当中不可或缺的组成部分，教师通过结课语帮助学生梳理本堂课的知识，再次巩固重难点，在这个环节里，教师不仅可以对知识点进行总结，还可以对学习过程中学生优秀的想法、观点等进行总结和评价，以激发学生的学习热情，发挥示范作用。

2. 作用

（1）归纳总结，巩固强化

教师在临近下课前，对本节课所讲的内容进行归纳整理，意在加深学生对概念的理解，帮助学生进一步梳理所学知识间的关系，使之形成知识的网络。概括所学知识，可以帮助学生加深感受，深化认识，巩固记忆。

（2）启发思维，升华主题

结束语不是一堂课的终止，有经验的教师会将课堂上所学的知识导向对知识的运用、与生活的联系、与未来的连接和情感的升华上。结束语要生动，感情饱满，在帮助学生巩固课堂所学知识的同时，激励学生把课内的学习向课外延伸，鼓励学生进一步拓宽视野，向未知的领域探寻。结束语的设计要做到“课了事未休，课终情更浓，课完兴未辍”。

3. 构建技巧

（1）简明扼要，高度概括

结课是整堂课的最后一个环节，在较长时间的学习后，无论是学生的学习注意力还是精力都有所减弱，因此，重复累赘、重点不突出的结课语会产生反效果。准确、简洁、重点突出的结课语是基本的语言设计要求，教师在说话时需要慢一些，语调要平稳，语气要肯定，目的要明确。结课语在建构时需要高度概括本堂课的重点，表达时要简洁。

◆【案例：制作简易太阳能热水器】

某教师在上“制作简易太阳能热水器”一课时进行了以下的结课语设计。

师：同学们，我们来回顾一下今天上课的过程。首先，老师提工程任务及要求，紧接着同学们讨论制作简易太阳能热水器的初始方案。接着我们计算各种初始方案的成本。最后我们综合各因素选择一种方案进行太阳能热水器的设计工作。①

（2）结合实践，巩固练习

在教学结束时，教师需要根据教学内容布置适当的练习，以帮助学生巩固所学知识，加深记忆。在设计时要注意与生活相联系，与拓展知识相联系，将知识的巩固与思维的训练相统一，将课堂知识与生活实际相统一，注重学生的综合实践能力培养。

◆【案例：用尺子测量】

某教师在上“用尺子测量”一课时布置了实践任务。

师：同学们，今天我们学会了怎么用刻度尺进行测量，请大家回家找一找家里的长方体，用尺子去量一量，并记录下这个长方体是什么，它的长宽高分别是多少。②

（3）设计伏笔，升华感情

知识的学习不是断连式的，教师需要在知识与知识之间搭建桥梁，帮助学生梳理知识，形成知识体系。教师可以在结课语中为后续知识学习做好铺垫，以“欲知后事如何，请听下回分解”的结构进行巧妙设计。“埋伏笔”可以激发学生对后续知识的好奇心，激发他们对下一堂课的学习动力，充分调动学生的求知欲，使学生产生热爱学习的感情。

◆【案例：等差数列——等比数列】

讲完等差数列后，下节课要讲等比数列。某教师做了以下的结课语设计。

师：“数列 20，10，5，2.5，1.25……的第 10 项是多少？”

（学生们马上活跃起来，有的在一项一项地算下去，有的企图寻找规律）

---

① 参见孙宏《制作简易太阳能热水器》录课视频，收录网站：国家中小学智慧教育平台，https://basic.smartedu.cn/syncClassroom/classActivity?activityId=4060a06e-fea8-4275-b933-374f232ac8f8&chapterId=310dedd5-9b60-3427-840c-aa2c1b11f0dc&teachingmaterialId=6772ee07-3fec-4d55-8afe-8e9c84a43b29.

② 案例源自教学实践。

师：“其实第10项是很容易找的，下一节课你们就知道了。”①

“等差数列”和“等比数列”这两个教学内容之间有密切的联系。教师在前一内容结束时，给学生留下了一个如何计算等比数列某一项值的问题。学生对探索这个未知的问题充满了渴望。教师趁此机会，设置悬念，请他们“且听下回分解”，强化了学生的学习期待，为讲授下一节课做好了铺垫。

4. 类型

（1）归纳总结式

教师完成教材的讲授任务后，对课堂学习内容、重点、特点进行及时的归纳总结，不仅便于学生提高认识、加强记忆，还有助于学生巩固所学知识，并将其纳入原有的认知结构中去。

◆【案例：怎样认东西】

某教师上自然课“怎样认东西”时，充分利用实物逐一讲清了“用眼看”“用耳听”“用鼻闻”……他设计了以下结课语。

师：（边指黑板边说）我们靠眼睛看颜色、看样子，可以认东西；靠耳朵听东西发出的声音，可以认东西；靠鼻子闻东西发出的气味，可以认东西；用舌头尝东西的味道，可以认东西；靠我们的手摸东西的硬软，可以认东西。课后请小朋友用今天老师教的认东西的方法，去多认识一些身边的东西。②

（有改动）

这位教师的结课语，归纳总结了这节课所学的主要内容，突出了所学的重点，并做了引申和巩固，加深了学生对新知识的理解。

（2）拓展延伸式

拓展延伸式的结课语，根据教学内容和学生的特点，激发学生的求知欲，拓宽学生的知识面，引导学生由课内向课外延伸和拓展，有意识地培养学生的自主探究能力。

◆【案例：地球爷爷的手】

某教师执教“地球爷爷的手”一课时，对结课语进行了以下设计。

师：小朋友们，地球爷爷还有很多的奥秘呢，你们还想了解更多吗？那就去看看《地球探秘》吧。

---

① 钟琴，朱再明，苑清仁．教学口语训练教程［M］．大连：辽宁师范大学出版社，2000：第191.

② 毛丽．教师口语［M］．北京：人民教育出版社，2010：334.

师：你们知道地心引力是谁发现的吗？（课件演示，老师介绍牛顿发现地心引力的过程）小朋友们，你们看牛顿发现地心引力，就是因为苹果落地引起了他的思考和研究，还有……孩子们，科学就在你们的面前，如果你们也能像牛顿一样发现身边的问题，并且善于去观察和思考，也许未来的科学家就是你们！①

（有改动）

教师的结课语把课堂教学的内容进行拓展，向学生介绍了牛顿发现地心引力的过程，激发起了学生对我们居住的这个拥有无穷奥秘的地球进行科学探寻的欲望。不但如此，教师还对学生的成长充满了期许，告诉他们进行探究的重要方法是观察和思考。这一段结课语把课内知识和课外知识相联系，把对学生的期望和学习方法的传授相结合，饱含深情。

（3）巩固练习式

这类结课语是指教师在结束教学前，根据教学内容设计一定的练习，帮助学生巩固知识，加强记忆，将知识内化，学会运用，并能够结合自己的实际，去解决实际问题。

◆【案例：分数的基本性质】

某教师在上“分数的基本性质”一课时设计了以下结课语。

师：这节课，我们学习了分数的基本性质，即分数的分子和分母都乘以或除以相同的数（0除外），分数的大小不变。这是学习分数及其有关知识的重要基础。我们在学习数学知识的同时，还学会了一种观察事物、分析问题的方法，使我们在变化的数学现象中看到了不变的实质。②

（有改动）

这样的结课语，对全课的内容做了提炼，既起到了承上启下的作用，又渗透了辩证唯物主义的启蒙教育。这种结课语在表述时，要讲究逻辑性，持论要有依据，使用概念要准确，语句组织要有条理性。

5. 技能训练

（1）观察记录

观察一段小学课堂教学视频，记录下结课语关键信息，并对结课语进行分析。（表4–5）

---

① 胡君．基于新课标的语文教学［M］．杭州：浙江大学出版社，2006：291.
② 崔梅，周芸．小学教师语言［M］．北京：高等教育出版社，2015：196.

表 4-5　小学课堂教学视频观察表

新授课主题		授课对象	
结课语用时 / 分钟		结课语类型	
结课语记录 （请记录下教师和学生的详细语言，教师行为用括号标注，如写板书、用道具等）			作用分析 （教师结课语对教学的作用）
对教师的结课语进行评价			

（2）案例评析

以下是小学语文课文《菩萨蛮・大柏地》的教学片段。

◆【案例：对词的不同理解】

（当学生们基本理解了该首词的意思之后）

师：现在老师再给你们 10 分钟时间，请大家用不同的方式来表现你们对这首词真的理解了。

（大约过了 10 分钟）

生 1：我以《菩萨蛮·赞松原》为题赋词一首，以此表示对词牌的理解。……

师：你能用词的语言来表现对诗词的理解，而且赞扬了自己的家乡，我们体会到了你对家乡的热爱，真了不起！

生 2：我根据词的内容创作了一幅画。（画的内容是：雨过天晴，彩虹横跨天空，关山苍翠，墙壁弹痕累累，毛泽东置身于画面之中）

师：你对词的理解很深刻，而且画得很好，看得出你有很强的想象力和高超的绘画水平，太棒了！

生 3：我为这首词谱了一首曲子，现在就给大家演唱一遍。（唱完后师生为他鼓掌）

师：原来你有这么好的音乐天赋，校园艺术节的时候可得好好露一手！

生 4：我想给大家朗诵这首词。

师：今天你学习很主动，朗读得声情并茂。你进步真大，大家表扬他！①

（有改动）

请评析教师使用的结课语效果。如果结课语使用恰当，请分析其巧妙之处；如果结课语使用欠佳，请对结课语进行重新设计。

① 关文信．新课程理念与课堂教学行动策略［M］．北京：首都师范大学出版社，2003：170.

（3）综合训练

某教师通过课堂教学，要求学生达到以下学习目标：

① 借助拼音，读准下面生字的字音。

乃　熏　亥　恃　撒

② 能够朗读《古诗三首》，并做到读准字音，读通诗句。

③ 能够写出生字表中的字。

④ 能够从《示儿》《题临安邸》这两首诗的题目中读懂诗人所表达的感情。

该教师还布置了课后学习任务：

学生在下课后，结合注释和相关资料，说出下列诗句的意思，再分析它们表达了诗人怎样的情感。

王师北定中原日，家祭无忘告乃翁。

暖风熏得游人醉，直把杭州作汴州。

根据以上内容，完成教师结课语的内容设计。（表 4–6）

表 4–6　结课语设计表

新授课主题		授课对象	
结课语用时 / 分钟		结课语类型	
结课语设计 （请记录下教师和学生的详细语言，教师行为用括号标注，如写板书、用道具等）			结课语 设计意图

第五节 提问语

1. 概念

课堂提问作为一种重要的教学技能，是有效实现课堂教学目标、促进课堂师生交流的重要手段。提问对于培养学生学习兴趣与激发学习动力具有非常重要的作用。提问可以引导思维、激发思考。

提问语是教师根据教学目的、教学内容、教学重难点，有计划地向学生提出问题，并引导学生进行积极思考和回答的语言表达方式。

2. 作用

（1）启发思考，活跃思维

提问既是课堂教学的关键环节，也是诱发学生思考的重要手段。思维总是从提问、质疑开始的。教师在讲课过程中穿插适量的提问，能有效地调动学生思维的积极性，可以把学生带入问题情境，激起学生对学习内容的探讨和研究之心，从而积极地展开自主探究。

◆【案例：将相和】

执教《将相和》“渑池会”时，某教师设计了以下提问语。

师：渑池会上的斗争是打成了平局还是分出了胜负？为什么？

（开始学生觉得这个问题很简单，没有很好地阅读就脱口而出）

生：是打成了平局，赵王为秦王鼓瑟了，秦王也为赵王击缶了，结果是1∶1。

（老师让学生再阅读，再思考，学生的看法就有了转变）

生1：我现在认为是秦国输了，赵国胜了。因为赵王鼓瑟是秦王叫他鼓的，秦王击缶是蔺相如叫他击的，秦国显得更难堪。

生2：我也认为是赵国胜了，因为秦国大，赵国小，小国的王为大国的王演奏乐器，大国的王也为小国的王演奏乐器，比较起来，也是秦王更难堪。

（最后，大家都认为渑池会上的斗争决出了胜负，赵国胜了，是蔺相如的勇敢机智使赵国取得了胜利）①

（有改动）

“渑池会上的斗争是打成了平局还是分出了胜负？”这个问题就故事的结局

① “全国名师新秀大课堂”丛书编写组．小学语文经典案例［M］．郑州：大象出版社，2013：54.

提出，既对故事的核心进行了提问，也考查了学生对故事及其人物的理解情况。“为什么？”可以让教师掌握学生学习情况，考查学生对故事整体的理解。教师的提问促使学生全面地分析问题，并进行深刻的思考，同时还让学生领悟到作者刻画人物形象、表现人物性格的高超技法。

(2) 促进师生感情，活跃课堂气氛

教学活动是教师和学生共同参与的双边活动，师生在教学过程中存在着大量的知识信息和情感意向的交流。恰当的课堂提问就是一种最常用且有效的师生互动、双向交流的方法。互动过程有利于增进师生之间的感情，有利于建立良师益友型的师生关系，形成和谐融洽、活跃的课堂气氛。

(3) 激发兴趣，集中注意力

有效的课堂提问可以激发学生的学习兴趣，使学生集中注意力并积极参与课堂的学习。相比于一整堂课的讲授，提问增加了互动性，让学生主动去思考，产生对学习的兴趣，吸引学生的注意力，使他们产生学习和探究的动力。

3. 构建技巧

(1) 注意问题之间的逻辑关系

课堂教学环节当中的问题需要教师进行精心的设计，问题不能是随意的、无目的的、与教学无关的，在设计时需要注意问题之间的逻辑关系。注重每个问题的目的，明确它是为了引导学生思考什么、做什么、掌握什么、探究什么。例如，“是与非”的问题是为了将学生带入学习情境，“为什么”的问题是引导学生进行思考，而“是与非”的问题为更好地提出“为什么”的问题做了一定的铺垫。

◆【案例：实际的船速 = 船自身速度 + 水流速度】

某教师在教学“实际的船速 = 船自身速度 + 水流速度”这一知识点时，进行了以下的提问设计。

师：同学们，你们都坐过小木船吗？划过吗？

生：划过！

师：那你们有过这样的经历吗？如果不划，船也会动。

生：有！

师：为什么不划船时，船依然会动呢？①

在该案例中，教师的“坐过小木船吗？”“有过这样的经历吗？”都是指向一个学习的情境，通过这样的“是与非”的问题帮助学生从生活经历当中

① 案例源自教学实践。

回忆，此时，教师再用“为什么”的问题激发学生进行思考，引导学生说出“水流速度”的答案。

（2）注意提问的适时性

教师的提问要问在学生的有疑之处，这样提问才能引起学生探究的兴趣。学生有疑之处大致有两类：一是学生自知有疑的地方；二是自觉无疑实则有疑的地方。教师通过提问，启发学生进行深入的思考，从而解决认识上的疑惑或不清晰。提问要注意时效性，在问题或认知矛盾存在且处于高峰期时进行提问，或者在学生能感知到问题的存在且必须解决的时候提问，只有这样才更能体现教师的引导作用，要帮助学生发现问题，引导他们进一步探索问题，培养学生的思维能力。

◆【案例：影子是怎样形成的】

为解决“影子是怎样形成的”这个问题，某教师通过手影游戏导入新课。

师：这段手影游戏好玩吗？

生：好玩。

师：想不想上来玩一玩？

生：想。

师：那么谁能表演一段和老师不一样的手影呢？

（等第2个同学表演得正起劲的时候，教师突然把幻灯机关上，学生的表演无法进行）

师：哎，影子怎么看不见了？

生：因为没有光。

师：好！请回吧，看来要想看到清晰的影子，首先要有光？（对）有光就有影子吗？（教师打开幻灯机）哎！怎么还没有影子？

生：还要有物体。

师：好，我把这个放上，有影子吗？

生：有。

师：（教师接着拿两到三件透明的物体进行演示）那我们来看，这是不是物体？我们把它放在这。（教师放一块空白的幻灯片）哎，怎么没有影子？

生：因为它是透明的。

师：噢！透明的物体，即使有光也不会有影子。（教师随手把幻灯机关上）

师：那么通过刚才的观察，谁来总结一下，要想看到清晰的影子，需要哪些条件呢？

生：要有光和不透明的物体。

（教师板书：光、不透明的物体、影子）[①]

4. 类型

提问包括封闭型提问和开放型提问，前者是指要求学生朝某一特定的方向去思考，有一个固定的标准答案的提问。这类提问方向单一，结论明确，重在发展学生的求同思维能力。后者是指可使学生朝不同的方向去思考，有大量不同的“正确”答案，或者根本没有固定的标准答案的提问。这类提问方向发散，答案不确定，重在发展学生的求异思维能力。封闭型提问和开放型提问各有所长，封闭型提问有利于学生掌握基础知识，开放型提问则有利于开拓学生的思路，培养学生的创造性思维，促进全体学生特别是后进生的参与。

提问语的设计都需要在提问类型定位清晰的基础上进行，根据教学内容确定提问的类型，有目的地进行提问语类型选择。除了明确提问是封闭型，还是开放型外，还要明确提问的作用，是强调、启发，还是评价、矫正。

（1）强调性提问

强调性提问常用于解决教学的重难点，目的在于通过强调教学中的重难点向学生进行发问，帮助学生加深对所学内容之间的关系的理解，进而提高辨析能力和理解能力。通常教师会通过辨析、对比等方式展开提问。

◆【案例：圆】

某教师在教“圆”这个概念时运用了如下提问语。

师：车轮是什么形状的？

生：圆形。

师：为什么车轮要做成圆形呢？难道不能做成别的形状吗？比方说，做成三角形、四边形？

生：不能！

师：那就做成椭圆形，怎么样？

生：这样一来，车子前进时就会忽高忽低。

师：为什么做成圆形就不会忽高忽低呢？

（学生议论后找到答案：因为圆形车轮上的任意点到轴心的距离都是相等的）[②]

（有改动）

---

① 李东．和谐高效思维对话：新课堂教学的实践探索：小学科学［M］．北京：教育科学出版社，2009：69-70.

② 崔梅，周芸．小学教师语言［M］．北京：高等教育出版社，2015：195.

教师运用一连串的提问语引导学生对日常生活中常见的现象进行比较、分析，得出了椭圆形车轮不可行的结论，由此引出了圆的定义。在这个过程中，学生的思维能力得到了训练和提高。

（2）启发性提问

启发性提问主要运用于学生出现思维瓶颈时，此时教师用反问、暗示或引导性的问题，启发学生根据自己的生活经验和知识进行思维推理。

◆【案例：什么是“果实”】

在“什么是‘果实’”教学中，某教师设计了以下提问语。

师：我们吃的果实，是不是都一样呢？当然不一样。吃起来，味道就不一样，有的甜，有的酸。形状也不一样，是不是？西红柿是圆形的。鸭梨呢，像个窝窝头。橄榄，都见过的吧？是椭圆形的——就是说，果实的味道、形状都不一样。还有颜色，有红的，有黄的，有青的。有这么多不一样，为什么都一样叫果实呢？是不是有相同的地方呢？

生：它们相同的地方是，都是好吃的东西。

师：好吃的东西？好吃的东西多着呢，肉包子也很好吃。这么说，肉包子也是果实？

生：（笑）不是，果实都是植物上长出来的。

师：植物上长出来的，有道理，可是植物上长出的东西很多，有根、有茎、有叶、有花，这些难道都能叫果实吗？当然不能这么说。我们把果实切开看看，都有些什么？啊，里面有种子……[①]

（有改动）

在该案例中，教师的提问语就是为了疏通学生的思路，解决学生在理解和接受教学内容时碰到的困难而设计的。教师抓住了学生“好吃”这一突破口，进一步提问，引导学生深入思考，从细节出发，从多方面进行观察、思考，使学生茅塞顿开，进入“柳暗花明”的境界。

（3）评价性提问

评价性提问是指教师根据教学的需要设置问题，要求学生对所学的内容进行分析、评价，往往是一种总结式的评价，如语文课中人物的品质特点、作品的写作特色、作品的语言特点；数学课中公理的应用情况；等等。目的在于活跃学生的思维，使其深入理解学习内容。这类提问往往用于某教学内容即将完成时或课堂小结时。

① 张祖利．教师口语技艺［M］．济南：山东人民出版社，2010：25.

◆【案例：桂林山水】

在教学“桂林山水”一课时，某教师在教学结束时设计了以下提问语。

师：课文末尾一段与开头一段有什么关系？围绕“桂林山水甲天下”这个中心，课文在语言运用上有什么特色？

生：《桂林山水》运用排比、比喻相结合的修辞手法，以诗一般的语言描绘了桂林山水的清幽、秀美，在写作上首尾呼应，令人回味无穷。①

教师的这个问题紧紧围绕着课文的写作特点展开，明确了课文的写作特色，引导学生进一步欣赏课文的语言之美。

（4）矫正性提问

矫正性提问主要运用于教师提出问题后学生的回答偏离目标的情况，此时教师需要再次向学生发出提问。在使用矫正性评价时，教师需要营造一种质疑的语境，学生需要认真思考，反复推敲后才能做出正确回答，进而将偏离原定目标的回答拉回。

◆【案例：草船借箭】

某教师在教学“草船借箭”一课时，为了帮助学生理解课文题目，运用了以下矫正性提问语。

师：这箭根本不是借的，为何课文以“草船借箭”为题呢？

生：因为这箭是靠装着草的船运回来的。

师：那不是可以用“草船运箭”吗？（见生不语）你们平时借的东西有什么特点呢？

生：自己要用而又没有，用完以后还要还，比自己操办要方便。

师：课文中的箭有这样的特点吗？

生：周瑜向诸葛亮要十万支箭，诸葛亮没有，但他用三天时间从曹操那里“借”到了，在与曹操作战时箭又要回到曹操那里，这又类似于“还”，因此，这箭具有借的特点。

师：此时，大家该明白课文为何以“草船借箭”为题了吧？

生：以“草船借箭”为题，不仅符合课文内容，而且耐人寻味，它进一步突出了诸葛亮过人的才能，增强了命题的艺术性。②

（有改动）

① 李玉学. 小学语文课堂教学技能训练［M］. 长春：东北师范大学出版社，1999：49.

② 黄桂林. 提高语文课教学效果的几种追问方法［J］. 演讲与口才，2001(4)：36.

人的认知水平具有隐性的特点，要保证教学中的每个问题都切入学生的最近发展区是比较难做到的。因此，一旦发现学生的回答偏离了目标，教师就要有的放矢地进行矫正。只有让学生转换了思路，才能使学生顺利地回到问题的正轨上来。

拓展知识》应变式提问

应变式提问是指教师原本没有在教学设计中进行设计，但由于学生存在个性差异，在回答教师问题时体现出差异化回答，教师为了了解学生真实想法和推演过程，有目的地进行追加式提问，充分体现了教师的机智，有助于建立平等的良好师生关系。

◆【案例：一件外套的价格】

某教师在讲解四则运算的运用时，设计了一道判断题："一件外套的价格先提高 15%，后降低 15%，价格不变。"

师：同学们，我们来分析下这句话是对的吗？一件外套的价格先提高 15%，后降低 15%，价格不变。

生：这句话是正确的。

师：好！ ×× 同学说这句话是正确的，那你再说说你的思路？

生：先提高了 15%，后降低了 15%，一加一减就抵消了，所以还是原价。

师：有道理。我们拿一个具体数值尝试下，比如衣服原价 100 元，提高 15% 后是多少钱？

生：115 元。

师：那这个时候又降价 15% 呢？这里我多问一个问题，降低的是谁的 15%，是 100 元还是 115 元？

生：115 元的。哦！这句话是错的，115−115×15%=97.75 元。[①]

在此案例中，教师得到学生计算结果时并不着急进行点评，而是通过对计算思路的提问，了解学生推演过程的关键问题，对关键问题进行拆解，一步一步帮助学生发现"基数"的变化，进而重新推演。

教师在进行应变式提问时要注意三点：一是学生回答后，不急于评价正确与否，而应直接问思路或原因；二是对学生的推演进行

① 案例源自教学实践。

肯定，避免学生产生学习自卑，再按正确的推演过程进行应变式提问；三是对于推演过程中的关键问题进行追加提问，帮助学生重新梳理推演思路。

5. 技能训练

（1）观察记录

观察一段小学课堂教学视频，记录下提问语关键信息，并对提问语进行分析。（表 4–7）

表 4–7　小学课堂教学视频观察表

<table>
<tr><td>新授课主题</td><td></td><td>授课对象</td><td></td></tr>
<tr><td>提问语类型</td><td colspan="3"></td></tr>
<tr><td colspan="3">提问语记录
（请记录下教师和学生的详细语言，教师行为用括号标注，如写板书、用道具等）</td><td>作用分析
（教师提问语对教学的作用）</td></tr>
<tr><td colspan="3"></td><td></td></tr>
<tr><td>对教师的提问语进行评价</td><td colspan="3"></td></tr>
</table>

（2）案例评析

◆【案例一：有余数的除法】

在“有余数的除法”的教学课堂上，某教师进行了情境创设并设计了以下提问语。

（创设学钉纽扣的情境，学生用学具代替纽扣进行操作）

师：把16个纽扣平均钉在4件衣服上，你打算怎么钉？结果怎么样？

（学生操作后，教师点名回答）

师：你们的想法跟他的一样吗？一样的请举手。怎样用算式表示钉的结果？

（学生个别回答，教师板书）

师：把16个纽扣平均钉在5件衣服上，你打算怎么钉？结果会怎样？请把你钉的结果告诉同桌。

（学生操作后互说）

师：你的同桌是怎么说的？能告诉大家吗？（学生个别回答）你的同桌说对了吗？

师：两次钉的结果有什么不一样？（学生个别回答）为什么第二次钉会有多余？把这多余的纽扣钉在其中一件衣服上，行吗？为什么？

师：如果一件衣服要钉5个纽扣，16个纽扣能钉几件衣服？自己动手试一试。

（学生操作）

师：能告诉大家你的结果吗？为什么还有多余？还能再钉一件吗？①

（有改动）

请评析教师使用的提问语效果。如果提问语使用恰当，请分析其巧妙之处；如果提问语使用欠佳，请对提问语进行重新设计。

① 严育洪．新课程教学问题讨论与案例分析［M］．北京：首都师范大学出版社，2006：93.

◆【案例二：面积和面积单位】

在教学“面积和面积单位”时，某教师组织学生进行“摸一摸”的活动，并设计了以下提问语。

师：摸数学书的封面与课桌面，摸作业本的封面与课桌面，摸自己的手与数学书的封面，看看有什么新发现？（教师本意是要让学生说出哪个面比较大）

生1：我发现数学书的封面比较光滑。

生2：我发现课桌面比较粗糙。

生3：我发现作业本的封面没有数学书的封面光滑。

…… ……①

（有改动）

请评析教师使用的提问语效果。如果提问语使用恰当，请分析其巧妙之处；如果提问语使用欠佳，请对提问语进行重新设计。

① 严育洪．课堂坐标：教学设计的走向［M］．北京：首都师范大学出版社，2008：151.

（3）综合训练

教学内容：小学语文课程中的“峡”字的读写和含义的提问语设计。

要求：认真分析“峡”的发音、结构。

根据提示，设计出教师提问语的内容。（表 4–8）

表 4–8　提问语设计表

<table>
<tr><td>新授课主题</td><td></td><td>授课对象</td><td></td></tr>
<tr><td>提问语类型</td><td colspan="3"></td></tr>
<tr><td colspan="3">提问语记录
（请记录下教师和学生的详细语言，教师行为用括号标注，如写板书、用道具等）</td><td>提问语
设计意图</td></tr>
<tr><td colspan="3"></td><td></td></tr>
</table>

拓展知识 积极语言

积极语言是一种能够引发个体积极情绪，发现个体优点及潜能，关注人生美好的一面，促进个体美德及积极品质的形成，有利于建构积极人际关系的语言。陈虹教授在《教师积极语言在课堂中的运用》一书中指出积极语言具有培养学生积极心理品质、多角度思考问题能力的作用，可以提升学生主动学习的积极性。陈虹教授将语言分为“总说”“多说”“少说”“不说”“禁说”五个层次，其中“总说”和“多说”可以激发学生潜能、引导学生实现自我，其余则是消极语言，对学生产生负面影响。积极语言表征层次具体表现如表 4-9 所示。

表 4-9 积极语言层次说明表

层 次	示 例	特 征
总说	我同意，我尊重，我期待，我相信，我理解，有道理，我高兴	正向肯定，提出指向未来的建议和有目标效果的行为
多说	行，好，是，对，可以，试试，努力，会成功	先正向肯定，再提出“不”的原因，提出建议，让人感到有希望
少说	不行，不好，不是，不对，不会，不敢，别编了，你应该，别找理由	“不”语言，否定他人
不说	讨厌，差，错，马虎，让人失望，拖后腿，浪费时间，骗人，狡辩	负向肯定
禁说	混蛋，滚出去，别上学了，都不理你	恶语

“总说”“多说”层次的实例中给出了积极的语言词，这要求倾听学生表达的内容，观察学生的行为，感受学生的心理需求，对具体的内容、行为、需求给予积极的反馈，在沟通互动中帮助学生获得自信，培养其积极心理品质。[①]

陈虹教授构建了积极语言的模式，即 HAPPY 语言模式，该模式的构建思路为“积极语言→积极情绪→积极人际→积极人格→积极

① 姚立慧，丁励，和鑫．基于 OBE 理念的“教师语言”课程教学改革与探索［J］．卷宗，2023(2)：167–168.

社会支持→幸福、和谐、阳光的人”。HAPPY语言模式在应用中的主要目的：教师以期望学生获得某项积极心理品质为目标(H:Hope)，激励和引导学生认识到自己标志性积极品质或期待形成的积极品质(品质特征)，具体指导和全力支持学生去做标志性的或学生期望的那些积极品质界定的行为(品质行为)，使学生想行动（A:Action），引导学生抓住与期望中的品质特征和希望形成的行为之间有关联的关键点（P:Point），增加学生对这些行为能力在日常生活和学习中的应用，在指导学生形成新行为或在改变某些行为的过程中（P:Process），注意语言层次，进行正向“惩罚”和有效赞美，增进学生的积极情感体验及对自身行为的目标和意义的认识，使学生向着某项品质的行为特征发展（Y:Yield）。②

② 陈虹．教师积极语言在课堂中的运用[M]．天津：天津教育出版社，2013.

思维导图

- 课堂教学环节语
  - 课堂教学环节语概述
    - 课堂教学环节语的概念
    - 课堂教学环节语的性质
    - 课堂教学环节语的特点
      - 规范性
      - 严谨性
      - 形象性
      - 启发性
    - 课堂教学环节语的作用
      - 保证课堂教学效果
      - 培养学生的沟通和表达能力
  - 导课语
    - 概念
    - 作用
      - 引入新课主题
      - 承上启下
      - 激发兴趣
      - 引入学习情境
    - 构建技巧
      - 要新颖活泼，忌平淡刻板
      - 要庄谐适度，忌庸俗低级
      - 要短小精悍，忌冗长拖沓
    - 类型
      - 经验导入类
      - 观察导入类
      - 故事导入类
      - 情境导入类
      - 游戏导入类
      - 设疑导入类
    - 技能训练
  - 讲解语
    - 概念
    - 作用
      - 传授知识，答疑解惑
      - 启发思考，培养能力
    - 构建技巧
      - 注重师生双方心理感受
        - 教师关注自我心理调节
        - 教师关注学生心理感受
      - 重点突出，逻辑清晰
      - 投入感情，体现个性
    - 类型
      - 讲析语
      - 归纳语
      - 谈话语
    - 技能训练
  - 结课语
    - 概念
    - 作用
      - 归纳总结，巩固强化
      - 启发思维，升华主题
    - 构建技巧
      - 简明扼要，高度概括
      - 结合实践，巩固练习
      - 设计伏笔，升华感情
    - 类型
      - 归纳总结式
      - 拓展延伸式
      - 巩固练习式
    - 技能训练
  - 提问语
    - 概念
    - 作用
      - 启发思考，活跃思维
      - 促进师生感情，活路课堂气氛
      - 激发兴趣，集中注意力
    - 构建技巧
      - 注意问题之间的逻辑关系
      - 注意提问的适时性
    - 类型
      - 强调性提问
      - 启发性提问
      - 评价性提问
      - 矫正性提问
      - 应变式提问
    - 技能训练

第五章 课堂板书与操行评语

第一节 课堂板书

在小学教学过程中，课堂板书是教师与学生有效沟通的重要工具之一。优秀的课堂板书能够帮助学生更好地理解学习内容，提高学习效果。本节将详细介绍课堂板书的定义、重要性及设计原则等内容，并结合具体知识点展开论述。

一、课堂板书的定义及重要性

1. 课堂板书的定义

课堂板书是教师在课堂上用粉笔、白板笔、标签纸等工具将关键信息、重要概念、公式、图表等内容书写在板上的过程和结果。它能够直观地展示学习内容，帮助学生加深理解和记忆。

2. 课堂板书的重要性

（1）提供视觉信息

学生通过观看课堂板书，可以直接获取关键信息，形成直观的记忆图像，加深对知识的理解。

（2）强化学习内容

课堂板书可以帮助学生对知识点进行总结、归纳和串联，加深对知识的记忆。

（3）促进互动与讨论

学生可以通过课堂板书的书写和理解，参与讨论和提问，进行师生互动，培养思维能力和解决问题的能力。

二、课堂板书的现状分析

课堂板书在现代教学中仍然是一种普遍使用的教学工具，而在某些教学环境中，电子白板和其他教学技术正在逐渐取代传统的手写板书。以下是目前课堂板书的一些现状。

1. 仍然受欢迎

尽管有新兴的教学技术，许多教师和学生仍然喜欢使用课堂板书。它可以直观地展示和强调关键概念、解决问题的步骤及其他重要内容。

2. 结合现代技术

越来越多的学校和教师开始将课堂板书与现代技术结合起来。例如，使用交互式白板、投影仪或在线白板工具，将电子板书展示给学生。这种结合可以提供更多的多媒体资料，如图像、视频和音频。

3. 学生参与

通过让学生参与板书的编写过程，如填充空白、解答问题或标记关键词，可以提高学生的参与度和注意力水平。这可以通过小组合作、竞赛或作业来实现。

4. 布局设计多样化

现代教师对课堂板书的布局设计越来越注重，例如，使用不同颜色、符号、箭头和图标来突出重点内容，使用合适的字体字号和清晰的插图等。

需要注意的是，课堂板书的使用可能会因教学环境和个人喜好而有所不同。一些学校或教育机构可能更偏向于使用电子板书和新兴的教学技术，而另一些可能更倾向于采用传统的手写板书方式。

总而言之，尽管课堂板书面临着新兴教学技术的竞争，但它仍然被广泛使用，并且可以根据教师的偏好和教学需要进行创新和演变。

5. 可持续性

随着环境保护意识的增强，一些学校和教师开始探索具有可持续性的板书方式。他们使用可擦写板书纸、可重复使用的板书纸或电子设备等，减少了对纸张和其他资源的消耗。

6. 数字化存储

一些教师将课堂板书进行数字化存储，以便学生回顾和复习。他们可以通过拍照、扫描或使用特定的教学软件将板书内容转化为电子形式，方便学生在学习过程中随时查看。

7. 网络共享

一些教师和教育平台通过互联网共享课堂板书。他们可以将自己设计的板书内容上传到教育社交媒体、教师资源网站或在线学习平台，供其他教师和学生参考和讨论。

8. 个性化教学

教师越来越意识到每个学生的学习风格和需求都不同。他们根据学生的能力和兴趣，进行个性化的板书设计，为每个学生提供更加个性化的学习体验。

9. 跨学科整合

一些教师对不同学科的内容进行整合，通过板书来呈现综合性的知识。例如，在科学和语言艺术的课堂上，教师可以结合绘画和文字来展示科学概念。

总的来说，课堂板书仍然是教学中不可或缺的工具之一，尽管在一些教学中可能有所改变或更新。教师在设计和使用课堂板书时，越来越注重创新、个性化和多样化，以更好地满足学生的学习需求和提升教学效果。

三、课堂板书的设计原则

1. 简洁明了

课堂板书的设计应尽量简洁明了，语言简练、准确，不过多赘述。关键词、短语和图表等是设计中常用的形式，能够通过简洁的方式表达出知识的主要内容。

2. 层次分明

课堂板书的设计应根据知识的层次关系进行组织，表达思路清晰。适当使用标题、主题、小标题等来突出重点，凸显知识的层次结构。

3. 灵活布局

根据具体内容的需要，课堂板书的布局可以灵活调整。一般来说，重要内容应放在较显眼的位置或中心位置，以便于学生观看和记忆。

4. 多样化呈现

为了增强学生的兴趣和注意力，课堂板书的设计可以多样化，如可以通过运用颜色、插图、标志等方式进行美化，营造良好的学习氛围。

5. 清晰规范

课堂板书的书写应规范、清晰，字迹工整，避免模糊不清、难以辨认的情况发生。同时，要注意书写的速度和姿势，确保学生能够跟随。

四、案例分析与实践

在实际教学中，教师要根据具体的知识点和学习目标设计合适的课堂板书。以下是具体的案例分析。

◆【案例一：加法和减法的运算规则】

板书内容：

一、标题：加法和减法的运算规则

1. 主题：加法规则

加法：整十进位

例子：28 + 7 = 35

2. 主题：减法规则

减法：借位与写不下

例子：43 - 16 = 27

◆【案例二：形容词】

板书内容：

主题：形容词

列举：快乐、美丽、聪明、友好等

句子：她有一只可爱的小猫

以上案例皆来源于我们的教学实践。通过以上实例，我们可以看到如何运用设计原则，将知识点进行简洁明了的展示，帮助学生理解和记忆。

五、课堂板书的设计技巧

1. 选取关键词和重点内容

在设计课堂板书时，选择关键词和重点内容是非常重要的。关键词应该是学生理解知识点的关键要素，可以用不同的颜色或字体突出显示，以便学生更容易理解和记忆。

2. 使用图表和图像

在适当的情况下，使用图表和图像可以更直观地表达知识点。例如，在数学课堂上使用图表来展示数学问题的解决步骤，或使用图片来说明生物课堂上的生态关系。

3. 利用符号和箭头

符号和箭头是课堂板书常用的元素。它们可以帮助学生更好地理解知识之间的关系和推理的过程。例如，在物理课堂上，使用箭头表示力的方向或用符号表示电路中的不同元件。

4. 分段和编号

将内容分段和编号可以帮助学生更清晰地理解知识的层次结构和逻辑关系。通过使用标题和子标题，可以将知识点按照不同的主题进行组织，并使用编号来表示重点内容的顺序。

5. 留白和擦写

在设计课堂板书时，要注意留白和擦写。合理的留白可以使学生更清晰地看到板书内容，并有足够的空间记录重要的补充信息。同时，及时擦去不再需要的内容，确保学生专注于当前的知识点。

6. 优化课堂板书的布局

为了使课堂板书更具吸引力和易读性，可以考虑从以下几点来布局以优化板书。

（1）字体大小

确保板书内容清晰可见，字体大小适中，不要过小。

（2）颜色运用

使用适当的颜色可以增加板书的视觉吸引力，但要注意不要使用过多颜色，以免造成混乱。

（3）线条和图案

使用直线、虚线、箭头和边框等线条与图案可以帮助划分板书布局，突出重点内容。

（4）符号和图像

使用各种符号和图像可以丰富板书内容，并提升学生的兴趣水平和参与度。

六、课堂板书的更新和复习

1. 更新板书内容

随着教学进程的推进，教师需要及时更新板书内容，以便展示新的知识点和重点内容。更新可以通过擦除原有内容并添加新内容，或使用新的白板或板书纸来实现。

2. 复习板书内容

在课堂中，教师可以利用板书内容进行复习。通过回顾之前的知识点和概念，加深学生对知识的记忆和理解。教师可以引导学生参与对板书内容的复习，提问学生相关知识点，引导学生思考和回答。

七、课堂板书的评价与反馈

通过评价和反馈，教师可以不断改进自己的板书设计和布局，提高教学效果。教师可以通过以下方式评价和反馈课堂板书的效果。

1. 学生反馈

询问学生板书的呈现方式是否清晰，是否有助于学习。

2. 教师自我评价

回顾自己的板书设计和呈现，评估是否达到预期的效果，是否有改进的空间。

3. 同行评价

与其他教师进行交流和讨论，分享板书设计经验，获取更多建议和意见。

八、课堂板书与现代技术的结合

随着现代技术的发展，教师可以将课堂板书与现代技术结合起来，利用多媒体设备和互联网等资源，提供更多的表达方式。

1. 展示软件

教师可以使用投影仪或交互式白板，将电子版的板书内容展示给学生，使板书更加清晰和生动。

2. 在线资源

教师可以通过使用在线绘图工具或板书软件，在电子平台上设计板书内容，便于学生回顾和复习。

3. 多媒体元素

教师可以在板书中加入视频、音频等多媒体元素，增加学习的趣味性和互动性。

九、课堂板书在教学中存在的问题

1. 可见性问题

对于大型教室或座位离板书较远的学生，他们可能无法清晰地看到板书内容。字迹过小、颜色不够鲜明或者板书摆放位置不当会导致学生难以理解和跟随。

2. 更新和擦除困难

传统的手写板书往往难以更新和擦除，特别是在时间有限的教学环境中。教师可能需要花费一定的时间在课堂上擦除相关内容或者在课堂之间准备新的板书内容。

3. 信息过载

过于拥挤和复杂的板书内容可能导致学生感到混乱和困惑，难以理解重点和关键概念。教师应该注意避免信息过载，重点呈现核心概念和重要步骤。

4. 不顾及学习差异

不同学生在学习速度和风格上存在差异，不同学生跟随板书的速度有快有慢。教师需要考虑到学生的学习能力差异，适当调整板书的呈现方式和节奏。

5. 可持续性和环保问题

传统的纸质板书消耗大量纸张和其他资源，不利于环境保护和可持续发展。教师可以尝试使用可重复使用的材料或者数字化存储等方式来减少对资源的消耗。

6. 有时间限制

板书需要在有限的时间内完成，这可能对教师造成压力，尤其是在内容繁多的课程中。教师需要合理安排时间，确保能够兼顾板书书写和教学进度。

7. 教师技能和速度问题

快速、清晰地书写板书内容需要良好的手写能力和板书技巧。教师需要具备一定的板书书写技能，并不断提高书写速度和质量，以确保板书能够跟上学生所学内容。

8. 学生注意力分散

有些学生可能在课堂上分心或注意力不集中，错过了教师书写的板书内容。这可能会导致学生在后续的学习中出现困难。教师可以采取措施，如提醒学生专注、强调重要内容或提供复习材料，以帮助学生弥补遗漏的内容。

9. 缺乏交互性

传统的课堂板书通常是由教师单方面书写和呈现，学生可能缺乏与板书的互动和参与。教师可以鼓励学生提问、回答问题或在板书上做笔记，以提升学生的参与度和互动性。

10. 产生维护和保存成本

传统纸质板书需要维护、保存和储存，并且可能会产生一定的成本。教师和学校需要考虑合理的资源管理和储存方式，以确保课堂板书的持久性和经济性。

教师在使用课堂板书时应该意识到这些问题，并且可以通过培训、教学方法的创新以及使用应用技术工具等方式来应对和解决。灵活应用辅助工具和教学技术，如使用交互式白板、投影仪、教学软件或教育平台，可以增加板书的多样性、可视性和互动性。

课堂板书作为一种重要的教学手段，在小学课堂教学中扮演着不可替代的角色。通过简洁明了、层次分明、灵活布局、多样化呈现和清晰规范的设计，能够使课堂板书发挥最大的教学效果，提高学生的学习兴趣和学习成绩。结合现代技术，可以使课堂板书更富有创意和吸引力，满足学生多样化的学习需求。掌握合适的设计技巧和布局优化方法，能够帮助教师更好地传递知识，引导学生更好地理解和消化知识。

第二节　操行评语

一、操行评语的定义和作用

1. 操行评语的定义

操行评语是对学生在学习态度、行为习惯和道德品质等方面进行评价和描述的一种教育评语。它旨在全面了解学生的操行表现，对学生的潜在问题和优势进行发现和引导，促进学生的全面发展和自我认知。

2. 操行评语的作用

（1）激励学生积极向上

操行评语可以激发学生的学习动力和积极性，对他们取得的良好表现和进步给予肯定和鼓励。通过积极的操行评语，学生会感受到自己的努力被认可，进而激发他们的学习兴趣和热情，促使他们更加积极地投入学习。

（2）引导学生自我认知

操行评语帮助学生认知自己的学习态度、行为习惯和品德品质。通过评语中的指导和反馈，学生能够更全面地了解自己的优势和不足之处。这有助于他们发现问题并加以改进，从而推动个人的成长和进步。

（3）培养良好的学习态度和行为习惯

操行评语不仅关注学生的学业成绩，更着重培养学生良好的学习态度和行为习惯。评语可以评价学生在课堂上的参与度、专注力和自律能力等，帮助他们形成良好的学习习惯，从而提高学习效率和成绩。

（4）培养良好的道德品质和社会责任感

操行评语对学生的道德品质和社会责任感进行评价，帮助他们树立正确的价值观和人生观。评语可以反映学生在友善合作、诚实守信、勇敢坚持和公平正义方面的表现，培养学生团结友善、诚实守信，拥有社会责任感，成为有益于社会的公民。

（5）促进家校合作和沟通

操行评语是学校和家庭沟通的重要途径之一。学校通过评语向家长传达学生的操行表现，使家长了解学生在学校的行为和品质状况。家长则可以更好地支持学校的教育工作，与学校共同关注学生的操行发展，并在家庭环境中对学生进行引导和教育。

总的来说，操行评语在学生教育中起到激励、指导和引导的作用。它可以激发学生的学习动力，帮助他们实现自我认知和成长，培养良好的学习态度和行为习惯，以及良好的道德品质和社会责任感。同时，评语也促进学校与家庭之间的合作和沟通，双方共同关注学生的操行发展，实现教育的有机衔接。

二、操行评语的现状分析

1. 评语的内容丰富度提升

随着教育的发展，操行评语的内容不再局限于简单的表扬或批评，而更加注重细分领域和点评细节。操行评语内容逐渐丰富，包括学生的学习态度、上课表现、个人卫生、合作能力、道德品质等方面。

2. 评语的个性化特点凸显

教师在编写操行评语时越来越注重学生的个体差异和特点，尽可能地个性化评价每一个学生。评语的内容、形式和表达方式更加灵活多样，旨在更好地反映学生的优势和进步，同时给予其有针对性的指导和帮助。

3. 发挥学生的自主性与参与性

如今，操行评语更加注重学生的自主参与和自我评价。教师鼓励学生参与到操行评价过程中，在评价中让学生有权参与和发言，让学生充分认识自己的操行表现，从而更好地进行自我调整和提升。

4. 家校合作与评语互通

操行评语对于家校合作的诉求日益增强。学校和家庭在操行评语的传达和反馈中密切合作，共同关注学生的操行表现。学校定期与家长沟通学生的操行评价结果，让家长了解学生的操行发展情况，并共同为学生的操行评价提供有益的支持和引导。

5. 引导学生全面发展

操行评语越来越注重引导学生的全面发展。评语的目的不仅仅在于批评或表扬，更在于培养学生积极健康的学习态度、良好的行为习惯和道德品质。评语的提示和引导，旨在帮助学生发现潜在问题并改进，全面提升自身素质和能力。

总体来说，操行评语呈现出评语内容丰富化、个性化的特点，以及学生自主参与和家校合作的态势。这种变化有助于提升学生的积极性和自我认知能力，促进学生全面发展。教师作为评价的主体，应根据学生的实际情况和发展需要，灵活运用操行评语，为学生的操行发展提供有针对性的指导和支持。

三、操行评语的分类

1. 学习态度评语

学习积极主动：学生在学习中表现出主动参与、主动思考和主动探索的特点。

学习态度端正：学生具有正确的学习态度，对待学习认真负责、积极主动并且有耐心。

学习态度调整：学生能够根据学习情况及时调整自己的学习态度和方法，进而提升学习效果。

2. 行为表现评语

自律守时：学生具备良好的纪律意识，能够自觉遵守校纪校规，按时完成作业和任务。

礼貌待人：学生在与他人的交往中表现出礼貌、友善、尊重他人的品质。

运动健康：学生在体育活动中积极参与，并且身体保持良好的健康状况。

3. 道德品质评语

诚实守信：学生具有诚实守信的品质，能够做到言行一致，守信用。

公益参与：学生积极参与公益活动，关心他人，乐于帮助他人并促进社会进步。

社会责任感：学生具备对社会的认知和责任感，意识到自己是社会的一员，应承担相应的社会责任。

4. 合作能力评语

团队合作：学生在团队活动中展示出较好的协作和沟通能力，能够与他人合作完成任务。

同学关系：学生与同学相处融洽，能够与他人友好相处，建立良好的同学关系。

分享精神：学生愿意与他人分享自己的知识、经验和资源，共同促进学习进步。

需要注意的是，这些分类只是对操行评语可能的分类方式进行了简要概括，并非固定的分类标准。评语的分类可以根据学校或教师的具体要求和需要进行个性化调整。评语要准确、客观，注重细分领域和点评细节，为学生的操行发展提供具体的指导和帮助。

四、操行评语案例分析

操行评语可根据学生的具体情况进行适当的调整和实现个性化表述。

◆【案例一：积极向上】

学生在学习中表现积极主动，善于思考和解决问题。
学生乐于助人，乐于参与课堂讨论，积极分享自己的观点和经验。
学生对学校生活充满热情，积极参与各项课外活动。

◆【案例二：自律守时】

学生具有良好的自律意识，能够按时完成作业和任务。
学生能够遵守纪律和学校规定，保持课堂秩序和学校环境的整洁。
学生能够合理安排时间，善于管理自己的学习和生活。

◆【案例三：合作共享】

学生具有良好的合作精神，在小组活动中能积极与同学合作，共同完成任务。
学生能够主动帮助他人，与同学友好相处，维护班级和谐氛围。
学生乐于分享自己的知识和经验，与同学共同学习和进步。

◆【案例四：诚实守信】

学生具有诚实守信的品质，能够遵守考试纪律，拒绝作弊和抄袭。
学生能够诚实面对自己的错误，勇于承担自己的责任。
学生能够信守承诺，言行一致，树立良好的道德标准。

◆【案例五：品德优良】

学生具备较高的道德素质，关心他人，关爱环境，积极参与公益活动。
学生具备公正、正直、诚实等优良品质，在生活中表现出良好的品德行为。
学生善于表达感恩之情，对待他人友善，关注社会公益事务。

这些案例仅供参考，教师要根据具体学生的实际表现和学校要求进行评语的调整。评语应准确、客观，同时注重激励和指导，帮助学生全面发展和进步。

五、操行评语的发展及建议

1. 多元化评价

评价学生的操行不应仅仅局限于学习态度和行为习惯，还应关注学生的社会责任感、创新能力、团队精神等方面。评价内容的多元化可以更全面地引导学生的操行表现，促进他们的全面发展。

2. 个性化评价

每个学生的操行表现都有差异，评语应该体现其个体差异化。要了解学生的特点、优势和不足，以及个性化的学习需求，为其提供个性化的评价和指导，帮助他们更好地成长和进步。

3. 积极正面评价

评语应注重使用积极正面的描述，肯定学生的优势和努力，并鼓励他们继续保持好的操行表现。积极正面的评价能够激发学生的学习动力和积极性，增强他们的自信心和学习兴趣。

4. 及时反馈和指导

评语应被及时反馈给学生，并提供具体的改进建议。及时的反馈和指导可以帮助学生在学习和成长中认识到自己的问题和不足，及早纠正错误，有针对性地提高。

5. 家校合作

评语不仅仅是教师对学生的评价，也是家校之间的沟通桥梁。学校和家长都应积极参与评语的讨论和反馈，共同关注学生的操行表现，并共同为学生的成长提供支持和指导。

6. 培养学生的自我评价能力

评语的目的之一是帮助学生认识自己的操行表现，培养他们的自我认知和自我评价能力。学生应通过评语的反馈和指导，进行自我审视和反思，积极主动改进。

总的来说，教师应以更全面、准确、积极、个性化的方式评价学生的操行表现，并为他们的成长和发展提供及时的反馈和指导。通过教师、学校和家长的共同努力，操行评语的质量和效果可以得到不断提升，以更好地促进学生的健康成长和全面发展。

六、操行评语存在的问题及改进措施

（一）存在的问题

1. 主观性

操行评语往往受到评价者主观的影响，可能存在受评价者个人喜好、偏见或偏爱的影响。评语的主观性可能导致评价不公正或不准确，影响了操行评价的客观性和公正性。

2. 缺乏具体指导

有些操行评语过于宽泛抽象，缺乏具体的行为建议。这时学生便无法理解如何改进自己的操行表现，导致评语的指导性不足。

3. 标准不一致

不同教师和学校对操行评价的标准和侧重点存在一定的差异，这往往导致评价结果和方向的不一致。学生在不同环境下会面临不同的操行评价要求，这也增加了评价的不确定性。

4. 层次和细化不够

操行评语往往只提供总体的评价，缺乏层次和细化。评语过于简单粗糙，无法准确反映学生在不同方面的优势和不足。

5. 缺乏参与和反馈机制

有些学生对操行评语缺乏主动参与和反馈的机会。评语往往由教师单方面提供，学生的意见和反馈少有机会被充分听取和纳入。

（二）改进措施

针对以上问题，可以采取以下改进措施。

1. 建立评价标准和流程

制定明确的评价标准和流程，确保评价的公正性和客观性。还可以与多个评价者进行协商和讨论，以提升评价的全面性和多样性。

2. 提供具体行动指导

在评语中提供具体的行动建议，帮助学生改进自身的操行表现。指导内容应具体、实用，能够为学生提供切实可行的改进路径。

3. 多方参与和反馈

鼓励学生、家长和其他相关人员参与操行评价，并建立反馈机制。确保学生可以参与操作评价的制定和讨论，并将他们的意见和反馈纳入操作评价的考虑范围。

4. 定期评估和调整

定期评估操行评语的有效性和准确性，并根据评估结果进行调整和改进。评语的更新和改善应该根据实际需求和反馈意见及时进行。

通过不断改进和完善，操行评语可以更好地服务于学生的成长和发展，提供准确、具体和有指导性的评价和反馈，促进学生的全面发展和素质的提升。

结语

总的来说，操行评语在学生教育中起到激励、指导和引导的作用。它可以激发学生的学习动力，帮助他们增强自我认知和实现自我成长，培养良好的学习态度和行为习惯，以及良好的道德品质和社会责任感。同时，评语也促进学校与家庭之间的合作和沟通，使双方共同关注学生的操行发展，实现教育的有机衔接。

思维导图

- 课堂板书与操行评语
  - 课堂板书
    - 课堂板书的定义及重要性
      - 课堂板书的定义
      - 课堂板书的重要性
    - 课堂板书的现状分析
    - 课堂板书的设计原则
      - 简洁明了
      - 层次分明
      - 灵活布局
      - 多样化呈现
      - 清晰规范
    - 案例分析与实践
    - 课堂板书的设计技巧
      - 选取关键词和重点内容
      - 使用图表和图像
      - 利用符号和箭头
      - 分段和编号
      - 留白和擦写
      - 优化课堂板书的布局
    - 课堂板书的更新和复习
    - 课堂板书的评价与反馈
      - 学生反馈
      - 教师自我评价
      - 同行评价
    - 课堂板书与现代技术的结合
    - 课堂板书在教学中存在的问题
  - 操行评语
    - 操行评语的定义和作用
      - 操行评语的定义
      - 操行评语的作用
    - 操行评语的现状分析
    - 操行评语的分类
      - 学习态度评语
      - 行为表现评语
      - 道德品质评语
      - 合作能力评语
    - 操行评语案例分析
    - 操行评语的发展及建议
      - 多元化评价
      - 个性化评价
      - 积极正面评价
      - 及时反馈和指导
      - 家校合作
      - 培养学生的自我评价能力
    - 操行评语存在的问题及改进措施
      - 存在的问题
      - 改进措施